ボクたちの新型コロナ戦記2020

緊急事態宣言の夜に

目次

第2部　風に立つライオンとさだまさし

まえがきにかえて

♪「ショーを止めるな！」

２０２０年９月１日、ウェスタ川越・大ホール。

２月13日を最後に休止になっていた「さだまさしコンサートツアー２０２０」が再開。僕は６か月半ぶりにステージに立ちました。

ただただ感無量です。

来てくれるお客様の顔を見ただけで、本当に嬉しかった。

中には１曲目から泣いている方もありました。

「ありがとう」という言葉を、心の中で幾度唱えたかわかりません。

心からありがとう。

コンサート再開の判断には、紆余曲折がありました。新型コロナウイルス感染症COVID-19は、本当に厄介《やっかい》なウイルス。

どのように向き合えばいいのか、いまだ正解が見えません。

感染リスクを抑えるためにはステイホームを続けるべきだと主張する人もいるし、それでは経済が止まって生きられない、という人もいます。

僕らがコンサートを行うとき、絶対安全という「ゼロリスク」の保証などあり得ません。ツアーのメンバーやスタッフ全員ＰＣＲ検査を受けて陰性の結果が出ていても、それはその日だけのこと。

お客様ご自身が感染に気づかず、ウイルスを持ち込む可能性も絶対にゼロにはなりません。

何より大切なことはお客様の安全と命なのです。

しかし、僕は覚悟を決めました。

お客様に入ってもらうコンサートをやろうと。

決断の最大の理由は、このままでは「音楽が止まってしまう」と思ったからです。

アメリカに「the show must go on!」という言葉があります。

「ショーを止めるな！」と訳されます。

元々は演劇のための言葉で「劇が始まったら、何があっても最後までやり通せ」という意味なのですが、後に「始めたことは最後までやれ！」という意味で使われるようになりました。

ショービジネスの世界で、あの偉大な足跡を残したジャニー喜多川さんのモットーでした。

「ショーを止めるな！」

これは我々ショービジネスに関わる人間にとっては最も大切な「志」なのです。


音楽は平和の象徴です。

音楽は希望です。


世の中が不幸になったときには必ず音楽の自由が止められる。僕は常々そう言い続けてきましたが、まさに今その不幸に見舞われたのです。

　だからこそ今、勇気を持って、安全に音楽を活かさなければいけないという「祈り」を込めてコンサートを再開する決心をしたのです。

　僕たち自身、活動停止期間が半年を超え、コンサートのメンバーやスタッフの間に先の見えない不安がどんどん膨らんでいました。

　ある日、ツアースタッフの一人、舞台監督の山形正樹《やまがたまさき》君に電話をしたら、彼がこんなことを言いました。

「今、家庭菜園を耕し、秋の収穫に向けて野菜を育てています。ほかにすることもないから」と。これはもう、音楽界の絶体絶命の危機です。

　現実に、毎日の糧を音楽で得ている歌手やミュージシャンは生活の、生命の危機を迎えています。

　このままでは世界から音楽が消えてしまう。

　コンサート開催自粛の期間が長くなるにつれ、ほかのミュージシャンや音楽関係者からの視線も強く感じるようになってきました。

「さだまさしは一体どう動くんだ。いつ活動を再開させるんだ？」と、大勢の仲間に聞かれました。

誰かが走り始めなければすべての動きが止まったままになってしまうからです。

「お前が一番多くコンサートをやってきたんだから、お前から始めろよ」というような期待や圧力も感じました。

幸い我々には、これからお話しする「風に立つライオン基金」に寄り添った半年間の活動のお陰で、感染症の専門家の皆さんに幾度もお教えいただき、話し合うことで得たノウハウがあります。

ゼロリスクなどあり得ないけれども、可能な限り安全に行うことは出来るのではないか、という覚悟を持ちました。

よし、やってみよう。

勿論、お客様との相互信頼関係がなければ不可能なのがコンサートというものです。しかし誰かが先陣を切ってコンサート活動を再開し、最大の防御策を行い、安全に運営ができることを示し、コンサートを成功させることで、コンサート開催のための僕たちの新しいガイドラインが生まれるでしょう。

僭越《せんえつ》ですがそれが仲間たちの勇気と道しるべになるだろうと思ったのです。

これは、今まで僕の人生を支え続けてくれた「コンサート」への恩返しでもあります。

まさに命懸けの「ショーを止めるな！」です。

9月1日、コロナ禍以後、初のコンサートは無事に終了しました。

以後も会場と話し合い、多くの会場では入場者数を50％に制限しました。集客50％では、採算は取れません。

しかし何より大切なことはお客様の安全と生命です。

こんな時期に、ある意味では命懸けで会場まで足を運んで下さったお客様への感謝は、とてもとても言葉になりません。

スタッフも演奏家たちも、みんなで我慢して頑張り、まずコンサートをやることから道を切り拓こう、と声を揃えて団結してくれました。

専門家と幾度も相談しながら、僕らは定期的にＰＣＲ検査を行って進めます。お客様には入場時の検温に加えて念のために靴底の消毒、それからアルコールによる手指消毒、マスクの着用の徹底をお願いした上で、健康チェックシートのご記入及び連絡先も頂戴しました（これは個人情報ですので大切に保管し１か月何も無ければ直ちに焼却処分をします）。専門家が、最も気にするのは「換気」です。幸い僕たちがコンサートを行う「コンサートホール」の多くは換気のシステムがきちんとできています。多くのコンサートホールの空気は常に換気されています。

会場によっては少しずつ異なりますが、大まかには客席からステージに向かって風は動きます。それで念のために最前列のお客様と僕との間には歌うときには5メートル以上、トークのときには2メートルの距離を空け、ステージ上のミュージシャンはソーシャルディスタンスの2メートルの距離を取ってセッティングします。

何よりお客様のために現在考えられる最大の防御を取っています。

ただ、コンサートを行って驚いたのは、僕の体へのダメージが予想以上に大きかったことでした。

コンサート後にステージから楽屋へ移動する際、膝が上がらないのです。ガクガクしてうまく歩けないほどです。

今回のコンサートは、感染予防のための安全を考慮し、いつもより短縮して約２時間のステージです。新型コロナ以前は３時間くらいのコンサートになっても全く平気だったのに。

「これがコロナ劣化だ」と、思い知らされました。２月以降、不要不急の外出を控え、室内で過ごす時間が長かったのです。

そんなこともありましたが、お陰様で９月から２０２１年１月９日までの31公演を終えて今、お一人の感染者も報告がなかったことが我々の勇気になりました。

さて、ではコンサートが出来ない期間、僕は何をしていたのか。

ミュージシャンとしての活動は出来なくても、誰かのお役に立てることは幾らでもあります。

僕は2015年に、「風に立つライオン基金」を設立しました。

最初は途上国で頑張る日本人の医師や教育者の力になりたい、と思いました。

しかし、災害国である日本では毎年のように自然災害が起きます。

数々の災害現場を経験するうちに、人を救うために活動を行う国内の個人や団体に対しても、物心両面からの支援を提供しようと思うようになり、自分たちの出来ることを探すようになりました。

今回の新型コロナウイルス感染症COVID-19の流行においても、この「風に立つライオン基金」に出来ることがあるのではないかと考えたのです。

いろいろなことを思い、学び、模索し、そして実践した約半年間。

「風に立つライオン基金」の設立者として、試行錯誤しながら取り組んだ我々の財団の一年に及ぶ精一杯の活動を振り返ります。

第1部

2020年のさだまさし

♪ コンサートが出来ない！

日本国内で最初に新型コロナ感染者が確認されたのは、1月15日のこと。武漢に滞在歴のある男性でした。その後、1月28日に中国・武漢からのツアー客を乗せた奈良県在住のバス運転手さんが感染したというニュースは大きく報道されました。それから、徐々に感染者が増え、「人が集まると感染が広がりやすい」、また「人によっては重症化し、死に至る危険性がある」ということもわかりました。しかも対処法など誰もわからなかったので、ただただ怖いです。うつりたくないし、うつしたくない、とひたすら恐れるばかりでした。

ちょうど「さだまさしアコースティックコンサート２０２０」がスタートした頃のことです。

2月12日に大阪府のフェニーチェ堺、2月13日には滋賀県立芸術劇場びわ湖ホールで無事に公演を行いました。

順調な滑り出しでしたが、その翌日にはスタッフと「この得体の知れない病気を前に、お客様の安全を考えたらこのままの状態で『コンサート』を続けるべきではないのかもしれない」という相談をしました。

僕のコンサートは、年齢層の高いお客様もお見えになるからです。もしも僕が無症状感染していて、万一お客様にうつしてしまったら、さらにその人の家族やおじいちゃんおばあちゃんにうつしてしまったら、と考えて、ただただ恐怖心に慄《おのの》きました。

病気の正体が何もわからないのですから、とにかく新型コロナウイルスは怖い。

スタッフと協議した結果、2月14日に「コンサートはしばらく開催を見合わせる」という結論に至りました。

これは活動中のミュージシャンの中では、きわめて早い段階での決断でした。

ただ、2月、3月頃はまだのんびりしていたところがあって、世の中全体の動きがストップしたわけではありません。実際に、僕も2月21日には『ミュージックフェア』の２８００回記念番組に出演。東京国際フォーラムで歌っています。

この時も、直前までやるかやらないかの議論がありました。最終的にはスポンサーであるシオノギ製薬の「音楽には治癒力がある」という確固たる精神で決行。

会場では、来場者全員にマスクを配り、検温をお願いし、手指消毒をしてもらいました。

番組の収録中も、大声を出さない、立ち上がらない、最後までマスクを外さないことを、徹底してお願いし続けました。

こうして最善を尽くした結果、無事、何事もなく収録を終えることが出来たのです（このことが後の大きなヒントになりました）。

この感染が不気味に広がり始めたのはこの後でした。

2月末には、２００６年から続いているＮＨＫのバラエティ番組『今夜も生でさだまさし』、通称〝生さだ〟の中継で、愛媛県西予《せいよ》市《し》野《の》村《むら》まで足を運びました。

この番組はタイトル通り、深夜に放映する生放送のトークバラエティ番組。この回は２０１８年に起きた西日本豪雨災害で大きな被害を受けた際に、僕らが支援に駆けつけた思い出のある西予市野村にある野村小学校の体育館から中継を行ったのです。

大抵、この番組の中継のときには地元の人が会場に集まってくれて、番組を見守り、声援を送ってくれます。でも、この日はいつもと雰囲気が違いました。

僕が現場に入ると、会場に「歓迎」という心のこもった幕が飾ってありました。しかしその幕を手作りして下さった学校の校長先生や先生方、皆さんが、放送開始前に一斉にお帰りになったのです。

「勿論最後までご一緒したいのはやまやまですが、万が一、密になってしまってはいけないですし、私たち教師がこの時期にはしゃぐべきではないですから」と校長先生。

そんな教育者の姿勢に感動するとともに、全国各地に広がりつつある新型コロナウイルスの脅威も肌で感じ取りました。

中止、中止、中止！

3月に入ると、コロナウイルスの感染拡大が仕事に大きな影響を与えるようになりました。僕の事務所に、毎日のように中止、中止、中止の連絡が入ります。

3月頭の佐賀県でのイベント、代々木競技場第一体育館でのコンサートが中止。

11日にサントリーホールで開催されるはずだった「東日本大震災孤児遺児支援チャリティーコンサート　全音楽界による音楽会」も中止です。

3月13日には、東京の増上寺でライブを開催する予定でした。

ご住職から「新型コロナが流行り始めたので、厄除《やくよ》け祈願の催しをやってくれ」と依頼され『いのちの理由』を中心に数曲歌うはずだったのですが。

その後も、19日の東海ラジオのイベント、21日の愛知県・豊川《とよかわ》市文化会館のコンサート、翌22日の三重県・四日《よっか》市《いち》市文化会館のコンサートも相次いで中止になりました。

主催者は直前まで「どうにかやれないか」と努力をされますので、キャンセルの決定も当然直前になります。メンバーやスタッフも困惑します。中止が正式に決まるまでは、開催するという前提で、会場の準備やリハーサルを進めていかなければなりません。

しかしそうなっても僕自身は、あまり気落ちしませんでしたが、この得体の知れない感染症の出現に、言うに言われぬ嫌な予感がしていました。

実は僕はこの時期にはコンサート活動と並行して、ニューアルバム『存在理由～Raison d'être～』のレコーディングを行っていたのです。5月20日の発売に向けて、3月は最終的な曲の調整やマスタリング作業にかかりっきり。こうした仕上げの作業が、アルバムの出来を大きく左右するといっていいので、心血を注ぐ場面です。

妙な言い方ですが、コンサートなどの仕事が綺麗さっぱり無くなったことで、むしろレコーディング作業に没頭することが出来たのです。アルバムの制作は、3月30日に全作業を完了しました。

しかし、この日に衝撃のニュースが飛び込んできました。

志《し》村《むら》けんさんが新型コロナウイルスに感染し、治療の甲斐なく、亡くなられたという知らせです。日本の笑顔を支えてくれた偉大な志村けんさんの急死は、人々の心に強烈な打撃を与え、「新型コロナウイルスの恐ろしさ」を思い知らされたのでした。

また4月末には岡江《おかえ》久美子《くみこ》さんも亡くなられ、私たちの心は暗く沈んでいきました。

自粛生活に突入

僕の4月以後のスケジュールはぽっかりと空いてしまいました。

何もすることがありません。

1日にフジテレビの入社式で歌う予定がキャンセルになり、4日には長野県佐久市に完成した長野県立武道館で、こけら落としのコンサートを行うはずでしたが、これも中止。

7日には泉谷《いずみや》しげるさんと「二人会」をやるつもりでいましたが、残念ながらこれも延期になりました。

プライベートの予定もキャンセル続き。

毎年恒例だった花見会も、同郷で、僕にとっては父のような存在だった文芸評論家・山本健吉《やまもとけんきち》先生の三十三回忌法要さえ1年延期になりました。

余談ですが4月6日にはももいろクローバーZのメンバーと「中華料理を食べる会」を予定していましたが、勿論これも取りやめです。

思いもかけず時間が出来て何をしたかというと、自粛生活と感染予防の勉強です。不要不急の外出を控え、仕事で外出が必要なときには「きれいに清掃されたホテルの部屋」や「安全な消毒を行った自分の事務所」だけには行ってよいという自分ルールを作りました。取材などの仕事は基本的にリモートで行いました。

さだ家の感染予防

僕が学んだ感染予防策を紹介します。

外出先から自宅に戻ったら、玄関から内側にはウイルスを持ち込まないよう気をつけます。

まずは手洗いとアルコールによる手指消毒、出来たらシャワーです。ここまでは新型コロナウイルス以前にも歌手のルーティーンとして行ってきたことですから、別段特別なことではありません。

違うのは再びマスクを着けること。何が何だかわからない時期には家の中でもできるだけ、マスクをするように努めていました。僕は仕事柄、外出をしますのでウイルスを持ち込んでいるかもしれないからです。一人になるまでマスクを外しません。

外でも常に心がけているのは、マスク着用、手洗い、手指消毒、うがいの徹底。これは基本です。

手洗いは、たっぷりと時間をかけて行います。まずは流水で、30秒くらい手を洗います。心の中でゆっくりとしたテンポで「ハッピーバースデー、トゥーユー」を２回歌う程度の時間です。流水で手洗いをするだけで、手についたウイルスは１００分の１くらいに減ります。それから石鹸を使って、手首までの隅々を洗います。指先と爪の間は特に念入りにです。これで、ウイルスの数は１万分の１にまで減少。ここまでくれば、自己免疫で退治出来る量になるのです。

外出するときには75%以上のアルコールを持ち歩いていますが、アルコール濃度が高ければ良いというわけではありません。たとえば１００%ですと揮発性が高く、あっという間に揮発してしまうから、手の消毒の時間が少なくなるのです。60~80%が良いと言われています。

マイスプレーを携帯している人は多いでしょうが、案外、使い方を間違えています。たとえばコンビニであれ、公共のトイレであれ、誰が触ったかわからないものを触った際には、必ず手指消毒をします。

さっと一吹き、手にかけるくらいではいけません。もったいないと思わず、じゃぶじゃぶと、たっぷり使って爪の中まで消毒します。

しかしこのように常に気を配っている僕でさえ、感染しないとは限らないのです。

これがこのウイルスの恐《おそ》ろしいところです。

いや、むしろいつかは自分も罹《かか》ると思っていた方がよろしい。

おや？　怪しいぞ、と感じたときに直ちに何をすべきかを頭の中に入れておく必要があります。これがクラスターを防ぐことになります。

さて、こうした自分自身の感染予防は、コロナウイルスのみに効果を発揮するものではありません。多くの人が手洗いやうがい、手や衣類のこまめな消毒に励んだ結果、２０２０年初冬のインフルエンザによる死者数は例年の10分の

１程度に抑えられました。手洗い、手指消毒は、仮にコロナの感染拡大が収まっても続けるべきことなのです。

感染予防対策を徹底して行いながら、３月から４月にかけては自宅を中心にした自粛生活を続けました。時間が出来たので、久しぶりに本を沢山読みました。

ジョー・オダネルの『トランクの中の日本』が胸に痛かった。ローマ教皇が世界中に発信して有名になった『焼き場に立つ少年』を長崎で撮影したカメラマンの作品です。長崎では１９４５年８月の原爆の後、10月に入っても焼き場では順番待ちをするほどだったのです。

次の小説のための勉強も始めました。

書籍の中にはいい加減な情報もありますが、居ながらにしてさまざまな知識や文物を得られる魔法のひとつでもあると思います。

中でもウェッジから出版されている岡本彰夫《おかもとあきお》さんと保《ほ》山耕一《ざんこういち》さんの共著『日本人よ、かくあれ』は春日大社の権宮司《ごんぐうじ》を永年お勤めになった岡本彰夫さんの温かな視点や深い言葉に感動。保山耕一さんの命懸けの、渾身の写真にも胸を打たれます。

ほかにはめったに読もうと思わない本、三田村鳶魚《みたむらえんぎょ》や、ルイス・フロイスなども読み始めました。

頭が疲れてきたらＤＶＤやＣＤで落語三昧。立川談志《たてかわだんし》と古今亭志《ここんていし》ん朝《ちょう》と三遊亭圓生《さんゆうていえんしょう》の『居残り佐平次』を聞き比べたり。

こんなに自由な時間が出来たのは、記憶にありません。グレープの解散直後でさえ、もっと忙しかったのですから。

♪ 緊急事態宣言発出

４月７日、７都府県を対象に「緊急事態宣言」が発出されました。内容は、翌日の４月８日から５月６日まで、事業者に対する休業要請と個人に対して外出自粛要請をお願いするというものです。僕のような年寄りでも初めて体験する出来事でしたが、そのまま4月16日には対象エリアが全国に拡大されました。最初の緊急事態宣言が発出された4月7日は、たまたま僕の母の祥月命日でした。「もし母が生きていたら、今回の緊急事態宣言をどのように受け止めたのだろうか」などと考えながら、思いつくまま文章を書きました。きっかけは僕のプレミアム・ファンサイト、Mass@Mania（まっさマニア）に書いた「『緊急事態宣言』に今　思うこと」というエッセイでした。

*

始めに新型コロナウイルスとの戦いの現場において命がけで働き続けて下さっている医療従事者の皆様に心からの感謝と敬意を表します。

同じく、警察、消防、銀行業務、郵便事業、宅配業他スーパーや薬局など、生活インフラに関わる「休むにも休めない」数々のお仕事の方々、本当に本当にありがとうございます。

また、働こうにも働く場所の無い人々（僕らミュージシャンもですが）に

「絶対負けるな!」と心からのエールを送ります。

さて、このような様々な思いを胸に、今夕「緊急事態宣言」を受け取りました。

この「緊急事態宣言」で日本は他の国のように強制的に道路を閉じたり、公共交通機関を止めたり、力によって家を出ることを禁じる、といった『都市封鎖』は行われません。

ですから一見緩やかで、何も変わらないように感じるでしょうが、実はこれは日本が民主主義国家であることの証明なのです。

「自由な国」である証なのです。

誇りに思うべきことです。

だからこそ守り抜きたいのです。

この度の「緊急事態宣言」は、新型コロナウイルスの蔓延が私たち日本国にとっての『有事』である、ということを国が国民に対して「宣言」したことになります。

つまりこの新型コロナウイルスとの戦いは『戦争』と同じということです。

しかし国同士が争う『戦争』と決定的に違うことは、この病魔との戦いは「私たち国民」の力だけで乗り越えることが出来る（また、乗り越えなければならない）ということです。

つまり「自分の健康を守る」ことはこの国の自由を、民主主義を護る戦いであって、それに勝つことが国民の責任であろうと僕は考えます。

治療薬やワクチンという武器を全く持たない私たちにとって、この戦いは「自分が罹患しない」ことでしか「愛する人を守る」ことが出来ない訳ですから、まずイライラ悶々とした「不自由で不安」なおのれの心の苦しみとの戦いに勝たなければなりません。

経済のことについて、行政について、あれこれ言って解決するものであれば、申し上げたいことは山ほどありますが、ここは涙を呑み、言葉を呑んでまずは危機の回避に力を尽くす時だと思います。

不平不満、恨み辛みを超えて互いを励まし合い自分の健康を守ることで、大切な人の生命を護ることを優先しましょう。
罹患したら、冷静に自分の状態をきちんと知ること、他の人と接触しないこと。
無闇にうろたえず、自分の生命を護る為に出来ることを考えましょう。
まだ罹患していない人は「臆病に臆病に」自分の心と身体を護りましょう。
本当の戦いはこれからです。
出来うる限り無駄に動かず、冷静に冷静に耐えましょう。
誤解を恐れずに言うなら、我々はこの新型コロナとの戦いに於ける『戦友』です。
共に力を合わせて戦いに勝ちましょう！
生き抜きましょう！

母の命日の夜に　さだまさし

＊

日本には諸外国のように「戒厳令」やそれに匹敵する「行動制限」を行う法律はありません。

ですから「緊急事態宣言」は「命令」ではなく「お願い」に過ぎないのです。従って「発令」ではなく「発出」といいます。他の国に見られるような、軍隊による街道封鎖、また警察官による一般市民への行動の制限といった「都市封鎖（ロックダウン）」は行われません。日本にはそんな法律が無いからです。

これは僕の大切にしたい日本の民主主義と自由です。

自由というのはとても難しいもので、あの時期にサーフィンをする人々が非難されたのを覚えておいででしょう。

「この時期にあんなに沢山集まってサーフィンなんかやって」と怒った人がありますが、これは法律違反ではありませんから、実は自由の立派な範疇《はんちゅう》といえます。

「こんな時期に何をやってるんだ」というのは感情論であって、そのことで人に迷惑を掛けたり、傷つけたりという法律違反さえしなければ、基本的にどのような行動を取ってもよろしいというのが「自由」の基本です。

しかし「何をしても自由だ」は既に自由の範疇を超えた「自分様のご勝手＝ミー・ファースト」のことで、これを昔から我々は「利己主義者」と呼びます。

自由のはき違えのなれの果てのことです。

自由には「自分が人にされて不快なことは自分は人に対してしない」、また「自分の意見への反対意見を言う権利を相手に与える」という厳しい不文律があります。

しかし感情論が怒りを孕《はら》んで世論を動かすようなことになれば、やがて政治家や評論家が言い出して「緊急事態に於ける罰則付きの行動制限」を明記した法律を作ろうとします。

これには僕は断固反対です。

こういう形で私たちの本当の自由が少しずつ奪われることが嫌なのです。だからこそ新型コロナの危機に際し、国の思惑など考えず、国民の自制心と英智で助け合って乗り越えようではないか、という檄《げき》を送ったつもりでした。

日本人は昔からどんな国難に遭っても、あの戦争の惨憺たる有様のなかでも、どうにかこうにか支え合って生き抜いてきたのですから。

応仁の乱も、関ケ原も幕末も、米軍を中心とする連合軍との戦争もです。

国民同士でなんとか出来ると信じている自分がいます。

さて民主主義における自由の最も大切なものに「移動の自由」があります。

移動制限というのは実はこれ、「懲罰」なのですね。罪を犯した人に対し、その懲罰として「移動の自由」が禁止されます。これが「懲役」です。

スポーツでもルールの違反者には、移動・行動の制限や退場、或いは参加禁止、かなり厳しいと追放という処罰が科せられますね。

こんなに身近なところに自由の正体があったのです。

そこで僕は「俺たちの自由を護りたいんだ」と歌いたいわけなのです。自由を護るために「一時の不自由を我慢する」という「自由」が必要なのです。

このエッセイを読んだスタッフから「あなたは歌手なのだからこのテーマは

歌うべきでしょう」と言われ、成る程確かにそうだ、それが僕らの仕事のひとつだ、と思いました。

そして『緊急事態宣言の夜に』という曲にしました。エッセイを書いた翌晩のことでした。

＊

『緊急事態宣言の夜に』さだまさし

緊急事態宣言の夜に　様々に思い悩んだ末に
一筆啓上仕る
乱筆乱文　御免被る

お前のおふくろ死なせたくないんだ
ほんとに誰も死なせたくないんだ

俺たちがウイルスに侵されないことだ
今何よりそれが俺たちの闘い

元気なようでも　かかっているらしい
今度の悪魔は　まことにいやらしい
ウイルスを周りに撒き散らさぬように
自分を疑え　まず自分を疑いたまえ

家を出るな　もっと臆病になれ
出ないですむなら　決して家を出るな
でも出なきゃいけない仕事がある

警察、消防、郵便、宅配、コンビニ
薬局、スーパー、自衛隊のみんな

生活インフラ守る人たちに
感謝を捧げて無事を祈るばかり
がんばれって　ありがとうって
ありがとう　がんばろうねって

ふとすれ違う見知らぬ誰かにも
嫌いなあいつも　好きなあいつにも
大切な命が必ずあるだろう
ほんとに誰も死なせたくないんだ

仕事失って　みんな悔しい
どうにか生きてくれと祈るばかり
文句を言うのは　生き延びた後だ

手を洗え　手を洗え　とにかく手を洗え

身勝手な人からクレーム受けても
もくもくと　もくもくと　もくもくと
人のために今日も闘ってくれてる

ごみ処理、銀行、水道、電気、
ガス、公共交通機関のみんな

お医者も看護師も命懸けで
医療に関わる人たち全てに
ありがとうしか言葉にならない
ありがとう　がんばるからねって

お前のおふくろ死なせたくないんだ
大切な人をなくしたくないんだ
今ひとつになろう
ひとつに　がんばろう！

がんばれ、がんばれ、がんばれ、病院
がんばれ、がんばれ、がんばれ、子育て
がんばれ、がんばれ、がんばれ、老人
がんばれ、がんばれ、がんばれ、若者
がんばれ、がんばれ、がんばれ、ニッポン
がんばれ、がんばれ、がんばれ
がんばれ、がんばれ、がんばれ
がんばれ、がんばれ、がんばれ

がんばれー！　がんばろう！

♪『緊急事態宣言の夜に』に込めた思い

4月8日の夜に書き始め、完成したのは9日未明。「そんなにあっという間に?」と不思議がる人もいますが、本来歌ってそういうものです。

「今日、何かが起こった。おかしいぞ。オレはこう思う。お前はどう感じるんだ」

というようなことを、感じるがままに、曲にしていきます。それが歌なのです。

「うた」は「訴う」の語源です。

「歌え」は「訴え」なのです。

感じた思いを「歌にすること」が「うたづくり」の基本なのです。まず作ること、言葉に出すことです。

それをどう表現するか、これを歌うか、歌わないかは、その後のことなのです。
『緊急事態宣言の夜に』には、大きく2つのメッセージを込めました。

ひとつは、人との距離です。

今回のコロナウイルスが厄介なのは、感染力の強さと人によっては重症化し、死に至ってしまうという点。だから、人にうつしたくないのです。

これまでは「大好きだから一緒にいよう」という気持ちでいたのに、それが「大好きだから会わないでおこう」という選択が正解になってしまった。

気持ちとは真逆の行動が求められます。

その思いを、「お前のおふくろ死なせたくないんだ　大切な人をなくしたくないんだ」の一節に込めました。

誰かに会うことで、あなただけでなく、あなたの向こうにいるあなたの母親の命を奪ってしまうかもしれない。自分の感染を疑い、愛のために人と距離をおこうという、強いけれども悲しいメッセージです。

ふたつめのメッセージは、社会インフラの維持のために頑張っている人への感謝の気持ちです。

緊急事態宣言が出された後も、ゴミを集めて、処理してくれる方々がいる。誰か（もしかしたら感染者）が洟《はな》をかんだティッシュが入っていたり、袋の口が緩んでゴミがはみ出していたり、触るどころか、近寄るのも嫌なものを堂々と粛々と片付けてくれている人があります。

ゴミ収集の方々だけでは、ありません。最前線で治療を行う医療従事者や治安を守る警察官も、見知らぬ人と接する宅配業者も本当に大変です。

ある若い医師から「コロナが発生した病院の医療現場に入るとき、遺書を書いた若い同僚がいた」と聞きました。

その若い医師の不安を僕は決して笑うことは出来ません。彼と、昭和の戦時の兵士と何が違うのか。

撃たれても死、病気に負けても死、という、そこまでの覚悟をもって医療に従事する人がいる。ギリギリの覚悟でインフラの維持に臨んでいる人が、沢山いるのです。

そうした方々の思いや苦労を少しでも讃《たた》え、元気に変えられないか、広く伝えられないか。これは「うたづくり」としての僕の大切な仕事なのです。

♪ 歌うべきか、否か

4月9日未明に完成した『緊急事態宣言の夜に』ですが、僕はこの歌をその後どのようにするのか、つまり歌うか歌わないかで、少し迷いました。

実は10日は僕の誕生日で、ビクターエンタテインメントによる無料ライブ配信が予定されていました。

2月半ばからコンサートツアーが止まり、僕たち音楽家は表現の場所を奪われていましたから、「配信ライブ」という手段しかありませんでした。

それで、僕のお客様たちへの「元気だそう！　僕は元気だ！」というメッセージを込めて、「バースデーだから生でさだまさし」というタイトルでライブを行ったのです。

このライブで『緊急事態宣言の夜に』を歌うべきか、歌うべきでないか、直前まで迷いました。

迷った理由はひとつです。あまりに生々しかったからです。

『緊急事態宣言の夜に』のようなメッセージ性の強い曲には、必然的に賛否両論が巻き起こります。

「オレはそうは思わない。自粛なんてするべきではない」と、トランプみたいなことを言う人だって必ず出てきます。

さだまさしが嫌いなら最初から聞かなければ良いのに、わざわざ歌を中途半端にしか聞かずに文句を言う人がある。それが実に気障りなんです。以下、余談になりますが若い頃の話。僕は当時ヒット曲が出る度に悪口を言われてきました。

まず『精霊流し』で暗いと言われました。僕は胸の内で当たり前だ、亡くなった人を偲《しの》ぶ歌なんだ、「暗い」という評価そのものがおかしいと反発しました。

『無縁坂』ではマザコンだと。母を歌うだけでマザコンという言葉しか浮かばない浅い批判には笑うばかり。

大体男の子はお母さんが好きだし、母に冷酷な男の子はなにやら情が薄いのではないかとさえ思う。中には「お前の母親は坂道上るくらいで一々ため息をつくのか」などと意地の悪いことを言う人もありましたが、僕は「長崎に来てみろ」と呟《つぶや》いていました。上ったら死にそうになる坂道をいくらでも紹介してやるぞと（笑）。

『雨やどり』で軟弱、『関白宣言』で女性蔑視、戦争映画の主題歌『防人の詩』は好戦的で右翼的だ、『北の国から』ではあれが歌詞か（笑）。

さだまさしが嫌いだ、と言ってくれればわかりやすいのにねえ。

遠藤周作《えんどうしゅうさく》先生に初めてお目に掛かったのは20代の頃でしたが、いきなり「君はあれだろ？　同業の同じ年代の仲間に嫌われてるだろ？」と言われて驚いたことがありました。

「はい。先生、僕には何か嫌われる理由があるんですかねえ」とうかがうと、

「若い頃、俺も嫌われたんだよ」と思いがけない答えでした。

「人間には嫉妬があるからな。同年代の同業者はね、他人が売れるってだけで嫉妬する上に、君のようにちゃんとやられると文句が言えないから、結果、嫌うしかないんだよ。だから男の嫉妬には、おい、気をつけろよ」

何とも遠藤先生らしいありがたいエールでしたけれども、その後「おい、君、小説書けよ」には参りました。

「僕には書けません」というと「書けるよ。君の歌は短編小説になってる。書けるから、書いて読ませろ」これには畏れ多くて、ひどく嬉しかったですが、まさか憧れの、天下の遠藤先生にヌケヌケと小説を書いて持って行くだけの心臓が無く、結果書くまでに25年以上かかりましたが、この言葉は僕の生涯の宝物の一つです。

当時、今流行っているさだまさしの悪口を雑誌に書いてくれと編集者に頼まれた（嫌な編集者がいたものだが）あるフォーク歌手が、真面目な人できちんと僕を叩くために僕の歌を隅から隅まで聴いて、却って僕のシンパになってくれて原稿を断ったという方がありました。ありがたいことでした。

人にはその人物の「良し悪し」や、その作品の「出来不出来」以前に、顔が嫌い、声が嫌い、物言いが嫌い、目つきが嫌いと、圧倒的な「好き嫌い」があるのは当たり前なのですから。なのに何故《なぜ》か理屈を言うのですね。

こういったある種の「為にする」意地の悪い中傷や反対意見には、昔から慣れています。

今はＳＮＳの陰湿な中傷侮辱コメントが問題になっていますが、ああいう手合いは昔から沢山いるのです。

絶対匿名という安全を確保した上で、素性がバレないから安心して人の揚げ足を取り、正論を気取って残虐な罵詈雑言を吐く「#名無しさん」たちは流行りの『鬼滅の刃』にたとえれば、鬼《き》舞《ぶ》辻《つじ》無《む》惨《ざん》の手下の薄気味悪い下弦の鬼みたいなものです。

今回の悩みはそういうものではなく、実は『緊急事態宣言の夜に』はできあがったばかりで、歌詞の推敲も済んでおらず、メロディも不安定でした。

そのあたりが「うたづくり」として不安だったのです。でも思っていないことや、嘘は一言も言っていないぞ。ええい、歌っちゃえ。

4月10日、『緊急事態宣言の夜に』は、ビクターのオフィシャルYouTubeとLINE LIVEで配信されました。

誰でも無料で自由に視聴出来たため、反響は大きいものでした。圧倒的に賛成や共感する声が多く、実は少しホッとしました。

配信後ほどなく、ＮＨＫの『今夜も生でさだまさし』のプロデューサーから電話がありました。

「ネットで歌ったのに〝生さだ〟じゃ歌わないの？」

「歌うべきかな？」

「歌うべきだよ」

「じゃあ歌う」

かくしてＮＨＫの〝生さだ〟でも『緊急事態宣言の夜に』を披露しました。

ライブ配信のときとは、歌詞も一部変わっています。決して意図したわけではなく、ライブ感で歌っているから、こういう歌はそうなるのです。元々歌はアドリブみたいなものなのです（『雨やどり』の「ませませ」もほぼアドリブでした）。

『緊急事態宣言の夜に』発表後は、急激に取材が増えました。歌詞に関するインタビューがほとんどで、共感して下さった方の多さに驚きました。

運がいいことに、皆さん5月20日に発売するニューアルバム『存在理由〜Raison d'être〜』の宣伝もしてくれるのですから、思いもしなかったこの動きはスタッフにとってありがたかっただろうと思います。

勿論この時期の新聞や雑誌、またテレビでのインタビューは、すべてリモートで行われました。

♪ 不足する医療物資

こうしてリモートワークに少しずつ慣れ、不思議な「日常」になじみ始めてきた4月半ば、「風に立つライオン基金」で2代目理事長を務めている古竹孝《ふるたけこう》一《いち》さんから事務局に連絡が入りました。「医療現場で物資が不足しているようだ」と。

詳しく話を聞くと、彼の親族が勤務する聖路加国際病院で「N95マスクがほどなく欠品になりそうで、安全な医療への不安が生まれている」と、緊迫した声で状況を伝えてきたのです。

もしかして「風に立つライオン基金」で役に立てることはないかと考え、基金の評議員を務めて下さっていて、僕にとっては尊敬する兄貴でもある医師の鎌田實《かまたみのる》先生（諏訪《すわ》中央病院名誉院長）に連絡しました。

すると、「まさしさん、これは風に立つライオン基金で何かしたいよねぇ」と、鎌田先生から第一弾のキラーパス。フォワードとしては走り込むしかありません。

鎌田先生のキラーパスはこれから沢山の仲間に火を付け、僕らにとっての重要な活動に繋がっていくのです。

「風に立つライオン基金」は、はじめは外国で頑張る医師や教育者を支援することから始めましたが、数々の国内の災害を経験することで人々を「支援する人たちを支援する」という目的も持ちました。

そしてこの新型コロナの騒ぎの中、医療現場で物資不足に困っているという状況を見過ごすわけにはいきません。

「先生、何を、どうしよう」と、僕。

「ライオン基金には今、幾らくらい使わせてもらえるお金があるんだろう？」

鎌田先生からのお尋ねに、すぐに「風に立つライオン基金」の担当者と相談しました。

「今、基金に使えるお金、どのくらいある？」

「ギリギリ頑張っても、２０００万円までです」

我々の基金にあるお金の殆《ほとん》どが皆さんからのご寄付、僕らはそれをお預かりし、きちんと我々らしい目的へと使わせていただくのです。ご寄付下さった方々は僕らの選択と行動を信頼して下さっているのですから、当然僕らがそのお金を使うときには重い責任があります。

でもこの国難とも言うべきこの時に使わなきゃ、一体いつ使うのか！　と僕は「創設者さだまさし」としてこの活動の責任を負う決心をしました。

「よしわかった。それ、使わせてもらおう」

今度は僕がキラーパスを出す番です。

再び鎌田先生に連絡を入れ、「今、最大２０００万円ほど使える予算がありますが、今後何が起きるかわからない以上、一気に全部使うのは怖いですよね。この際１５００万円と言いたいところだけど、どうでしょう、もう少し我慢して１２００万円ならひとまず安心して使えます」と伝えました。

「わかった、それは、凄い金額だね、よし、１２００万円で出来ることを考えよう」

先生はそう仰《おつしや》り、すぐに不足している医療物資について調べてくれました。

ところが鎌田先生からの返事は、意外なものでした。

「世界中で医療用の高機能マスクが不足し、N95マスクは全く手に入らない。

少し性能は落ちるけどＫＮ95マスクだったらまだどうにか入手出来そう。ただし、何もかも値上がりが凄くてね、サージカルマスクは元は１枚25円くらいだったのが、この騒ぎで一気に高騰して今はなんと88円になっている。まさしさん、どうする？」と。

品薄になれば値段は高騰する。世の中のならいです。

だが医療現場にマスクを送るなら、１枚でも多く、そして１か所でも沢山の施設に送りたい。

出来たらまず２万～３万枚は必要です。１枚88円では単純計算でも１万枚で88万円、２万枚なら１７６万円、３万枚ならば２６４万円になります。

「どうにか安く仕入れられないか」と、手あたり次第、友人や知り合いなどを当たりました。

♪ マスクを届けたい

僕が最初に声をかけたのは、昔からの仲間のひとり、広島を拠点に活動するアナウンサーでありタレントの西田《にしだ》篤史《あつし》さんでした。地元では〝あっちゃん〟と呼ばれる人気者で、僕とは古くからの仲良しです。

2018年の西日本豪雨災害の後、被災地のひとつ、広島県坂町《さかちよう》小屋《こや》浦《うら》で「頑張れライブ」を行いました。その時に「司会者としてあっちゃんも出てよ」、と誘い一緒に行ったら、地域の人に大人気で皆さんが大喜びしてくれた。みんなに愛されている、本当に温かい、いい男なんです。

その西田あっちゃんに、「風に立つライオン基金で医療品やマスクを購入し、困っている病院に送りたいと思っているけれども、今は何もかも価格が高騰している。何かいい情報はないだろうか」と尋ねた。

すると西田君は、女優の東《あずま》ちづるさんを紹介してくれました。

東さんは「#福祉現場にもマスクを」というプロジェクトに取り組んでいて、長年福祉施設にマスクを届ける活動を行っています。

さっそく東さんにご紹介いただき、すぐに細かい事情をメールしました。すると彼女からすぐに返信がきて、電話で直接話が出来ました。

「マスクを購入したいと思っているのですが、価格が高騰していて躊躇《ちゅうちょ》しています。何か仕入れるルートや情報をお持ちじゃないでしょうか」

「今、幾らぐらいでしたか？」と、東さん。

「僕らの情報では１枚88円と聞きました」

「そんなに上がっているんですねえ。でも、それならうちは業者と長く取引しているから今なら１枚66円で手に入ります」と仰る。

東さんが救いの天女に見えました。

勿論通常よりははるかに高価ですが、88円に比べると断然安い。66円なら３万枚で１９８万円。僕らのルートよりも66万円も安価です。

すぐにその場でお願いしました。

「東さん、ではそのルートで買っていただけませんか。数は３万枚。御礼と言っては妙ですが、すべて医療機関や福祉機関に寄付するものですから、そのうちの１万枚を東さんが手がけているプロジェクトに寄付します」

「わあ！　嬉しい！」

こうして僕らは3万枚のマスクを入手しました。東さんに送った1万枚は、関東圏の福祉施設およそ40か所に随時発送されたとのことです。

そして残りの2万枚は、風に立つライオン基金の支援物資に使いました。

僕らはマスクのほか、医療現場で不足している物資集めに奔走しました。

勿論外出自粛期間ですから実際に駆けまわったわけではなく、情報を集めて電話やメールを使ってのことです。

ポリエチレン製の使い捨てエプロン「ポリエプロン」を1万着。

頭から足まで全身を覆う防護服「タイベックスーツ」を500着。

タイベックスーツは元々高価ですし、この時には1着4000円もしました。本来は使い捨てが理想ですので、もっと大量に送りたかったのですが、500着というのが僕たちの予算の精一杯。

こういった物資集めに、1200万円を使い切りました。

集めた物資は鎌田先生をはじめ、医師の方々と相談しながら、僕と鎌田先生の手書きのお手紙と共に、困っている病院や福祉施設へ送らせていただきました。

例年だったら、僕がコンサートを開催し、「困っている人たちに募金をお願いします」と呼びかけると、沢山の寄付が集まります。でも今は、コンサートそのものが出来ないのです。

「ライオン基金の予算から使っても大丈夫という2000万円のうち、すでに1200万円を使い果たした。でもあと、200万～300万円なら使っても大丈夫だろう」

こういうときには決断が一番大事です。

皆さんからの期待の込もった募金ですから、「今こそ使い時」だという僕の独断でした。

ヒヤヒヤしながらでしたが大胆に何とかやり繰りして、支援活動を続けていきました。

♪ 風に立つライオン基金、医師を派遣

もっと物資を送りたい、でも送れない。我々の経済状況が厳しいなかでも活動を続ける勇気をいただいたのは支援物資を受け取った方々からの喜びの声です。

全国各地の医療施設から、続々と写真や動画が届きました。

送ったマスクを着けた医師や看護師が「ライオン基金からマスクが届きました。ありがとう！」って。

ああ、届いてる届いてる。これはもう、僕たちの勇気に繋がります。

とことんやるしかないでしょう。

徐々に我々の医療従事者支援活動が本格化し、目的もはっきりしたため、4月半ば以降は毎日毎日ネットミーティング。

鎌田先生とは多いときには日に3回も4回も電話連絡を取る状態です。

ある日、鎌田先生からの電話に出ると、先生が「あ、鎌田でーす」と言った後、暫《しばら》く何も言わず一人でゲラゲラと笑っている。「先生、どうかしました？」と聞くと、「いや、こんなにまさしさんと一日に何度も電話するとは思わなかったな。なんか僕たち付き合ってるみたいだね」。

これには一緒に大爆笑。

「恋人でもこんなに電話しないよね」と、暫くはみんなの笑い話の種になりました。

この頃には風に立つライオン基金の意図に賛同し、活動に加わりたいという人も増え、ネットワークは少しずつ、少しずつ拡大し、協力者が増えていきました。

そこへ、鎌田先生のお弟子さんのような存在の奥知久《おくともひさ》先生が加わりました。

彼は30代のフリーランスの医師で、北海道から九州まで全国各地の病院で診察を行っています。

「彼、身の軽さがいいんだよね」と、鎌田先生も太鼓判。今回のコロナウイルスのような、先行きが予想できない状況で、きっと活躍してくれるだろうという期待が膨らみました。

そんな中、大きなニュースが飛び込んできました。僕の故郷、長崎港に停泊中のクルーズ客船コスタ・アトランチカ号でクラスターが発生。

長崎大学の優秀な医療スタッフが船内で活動を開始しましたが、なにせ人数が足りない。長崎大学はケニアに熱帯医学研究所を構え、感染症に対しては高度の専門的な知識をもっています。派遣チームは最高でしたが、人手不足だけはどうにもなりませんでした。

僕たちがコスタ・アトランチカ号の動向を見守っているところに、特定非営利活動法人の国際医療ボランティア団体「ジャパンハート」から応援要請が入りました。風に立つライオン基金から医師を派遣出来ないかという相談です。

「どう？　奥先生行ける？・？・？・」

鎌田キラーパスに、

「行きます！」

何の躊躇もなく、奥先生が手を挙げました。

こうして5月はじめ、「風に立つライオン基金」は物資だけでなく、初めて医師を「派遣する」ことになりました。

福祉崩壊が怖い

奥先生がコスタ・アトランチカ号で見聞きし、学んだ情報と経験は、風に立つライオン基金にとって大きな財産になりました。

感染の正しい予防法や、感染者と非感染者のゾーニングの手法。

こうした情報は、日本中の誰もが求めているものに違いありません。風に立つライオン基金として、この情報を全国に広めていきたい。

そこで、どんな手法が効率的なのだろうかと策を練りました。鎌田先生は、かねてから「医療崩壊の次に来る福祉崩壊が怖い」と仰っていました。スペインやイタリアでは早くに医療崩壊が起き、その波は介護福祉施設に及びました。介護福祉施設には高齢者や体が弱い人が入所しています。そうした施設でクラスターが発生し、死亡率は跳ね上がりました。

日本は海外で発生している事態が国内で起こらないよう、対策に努めなければなりません。介護福祉施設には、感染症に詳しい医師が常駐しているところは極めて少ないのです。

もし感染者が出たら、もしクラスターが発生したら、どうすればいいのか。放っておけば、我が国でもスペインやイタリアの悲劇が繰り返されてしまいます。

ミーティングを重ねた結果、風に立つライオン基金から介護福祉施設へ医師や看護師を派遣し、勉強会を開いてみようというアイデアが生まれました。

これも鎌田キラーパスのひとつです。

決まればさっそく、実践するのみです。

しかしひとつの不安がありました。派遣するスタッフへの謝礼です。鎌田先生と奥先生に、正直に話しました。

「医師一人が出掛けていくのですから、その正当なギャランティは、危険手当も含めたら一日6万〜8万円ほどの保証をすべきでしょう。でも、風に立つライオン基金は皆さんの募金をお預かりしているのですから、大盤振る舞いなど決して出来ません。多分その半分程度しか出せません。それではさすがに申し訳ないですよね」

でも、奥先生はきっぱりと言ってくれました。

「さださん、それは違います。こういう事態のときは、ボランティアの心が無い医師が行っても駄目です。ギャラが幾らだから行こうというような気持ちの医師に、我々の心が伝わるはずがありません。とにかく、人を助けるために行こうと思ってくれる人にお願いすべき。ボランティア精神のある医師に甘えていいじゃないですか。意味があるなら介護施設を沢山廻りたい、という心の人がやればいいんですよ。そういう医師は沢山いますよ」

この言葉に勇気をもらい、全国各地の福祉施設へ、風に立つライオン基金からチームを派遣するという試みが始まりました。

第1回は奈良の施設へ、東大阪大学の鷹野《たかの》和美《かずみ》教授と奥知久医師、ジャパンハートの野田《のだ》実里《みさと》看護師、事務方の杉山《すぎやま》智哉《ともや》さんの4人1組を派遣しました。

こうしてついに我々のチームが、全国の福祉施設へ出向いて勉強会を開くことになったのです。

♪ 買っては送り、送っては送る

現場での反応は、予想をはるかに上回るものでした。

介護士さんたちは、僕たちが持っていった情報に学び、喜び、感謝してくれるのです。逆に言うと、介護士さんたちがそれまで抱えていた不安は、とてつもなく大きなものだったのです。

ある介護士さんに話を聞きました。

「自分は軽度の認知症を患った人たちをケアする施設を任されていますが、もしも入所者にうつしたらどうしようと思うと、夜も寝られない。勿論、自分の感染も怖い。自分たちで懸命に対策を考えてみても根拠もなく、ネットには情報があふれ過ぎていて、何をどう信用していいかがわからない。正直言って、不安ばかりで、怖くてしょうがなかったんです。でも、こうして専門知識をもつ医師や看護師に来ていただいて救われました。『そのやり方はダメ』『これで十分』などとはっきり言ってもらえることが嬉しかった。勉強会の後、1か月ぶりに熟睡できました」

その介護士さんから、「本当にありがとうございました。来て下さったお陰で、入所者を守っていく勇気がわきました」と感謝の言葉をいただく。

いいえ、感謝しているのは、僕たちのほう。人のいのちを守ってくれて、本当にありがとう。

♪ 募金という援軍

ある時、平日昼の情報番組『ひるおび！』で司会を務める仲良しの恵俊彰《めぐみとしあき》君からメールが来ました。

彼は『緊急事態宣言の夜に』を聞いてくれて、その内容を番組スタッフに話したら、「番組に出てほしいということになった」というのです。ありがたい機会です。

5月8日、僕は『ひるおび！』に出演し、現場の声や写真などをまじえながら、風に立つライオン基金が医療現場への支援を行っていることを紹介しました。

テレビの影響は、凄まじいものでした。

放送直後から我々の活動に賛同して下さった方々から、風に立つライオン基金への募金額が一気に増えました。

今までの寄付金は「さだまさしコンサート」のお客様がコンサートの会場などで寄付して下さるものが主でした。しかし今年はコンサートそのものが中止中止、延期延期ですから募金は殆どありません。ですから鎌田先生から「今年はまさしさんの稼ぎが悪いから」（勿論ジョークですよ！）などとからかわれていたのですが、これをきっかけに募金の輪が一気に広がったのです。

ＮＨＫや民放各局も風に立つライオン基金の活動を紹介して下さるようになりました。

お陰で7月末までの募金の総額は、例年の2倍くらいにまで増加したのです。何しろそれまでが金銭的にギリギリだったので、まことにホッと一息です。

勿論お金がすべてではないわけですが、我々のような小さな財団にとってこの募金は多くの方々からの、とてつもなく大きなエールだ、と感じました。

我々が取り組んでいる医療現場への支援は間違っていない、と勇気はさらに高まりました。

「よし、募金という援軍が来たぞ！」

我々は改めて医薬品や医療物資を買っては送り、また買っては送るという事業にも大きな安心をいただいたのです。

介護福祉施設へ医師・看護師を派遣する予算も増え、「秋までに２００か所の施設を訪ねよう」という目標を立てるほど元気が出ました。

♪ 命名「ふんわりチャンポン大作戦」

こうした活動を続けていると、素敵な出会いが生まれてくるものです。

東京・町田の介護施設で働く佐《さ》藤《とう》亜美《つぐみ》さん（彼女の存在がきっかけになって、後に「ちゃんぽん大使」が生まれました）。

彼女は軽い認知症を患った利用者を介護していますが、ものすごく優秀な方なんです。介護施設近くの中古車販売店と交渉し、施設の入所者を働かせてくれるようお願いしました。交渉はうまくいき、利用者は展示された車の洗浄などを行い報酬が生まれました。

「軽い認知症程度なら、まだまだ社会と接点をもって生活していける」と彼女は言います。

すごいなあと感心しつつ、奥先生を通じて彼女に尋ねてみました。

「今、医療現場で防護用のエプロンが不足しています。設計図と素材があったら、あなたの施設で防護用エプロンを作ることは可能ですか？」

彼女は即座に「やるやる！」。

防護用エプロンの試作を依頼し、できあがった製品を奥先生に確認してもらったら、「十分に使える」といいます。

僕の目から見ても、彼女たちが作った防護用エプロンは素晴らしい仕上がり。大満足です。

彼女には「エプロン製造を仕事として発注したい。フェアトレードでいきましょう」と申し出ました。彼女は入所者とともに防護用エプロンを作り、僕らに可能な正当な金額で買い取ります。これで、彼女の施設にお金が回り、僕らはその防護用エプロンを支援物資として配ることが出来るという、お互いにありがたい関係が築けるのです。

福祉施設からの「勉強会」開催の依頼は、増え続ける一方です。こちらから持ちかけなくても、おのずと手が挙がってくるようになりました。

こうした動きと連動し、財団の創設時から風に立つライオン基金の活動に参加してくれている医師や看護師の組織「風の団・専門団」もやっと動き始めました。

僕らの想像をはるかに超えて、人の繋がりは広がっていきました。

はじめから活動をともにしていた「ジャパンハート」のほか、「ＡＭＤＡ」の皆さんや他の団体に所属される方々とも、協力体制が築けました。

国や組織の壁を取り払い、さまざまな専門分野の人たちが、ワン・チームとして活動を行う。僕らはこの壮大な作戦に、名前を付けました。

「ふんわりチャンポン大作戦」

実は奥先生が名付け親です。奥先生がコスタ・アトランチカ号の応援のために長崎に入ったときに生まれて初めて食べた「チャンポン」の旨《うま》さに感動したのが始まりです。

チャンポンというのは、ご存知の通り、長崎の名物料理。「さまざまなものを混ぜる」料理です（沖縄ではチャンプルーといいますね）。

沢山の人々が混ざり合って活動をすること、それに、「ふんわり」を付け加えたのは、風に立つライオン基金が全体を仕切って一方的に指導するのではなく、みんなで話し合いながらやり方を見出していこうという気持ちからです。

ふんわりとした雰囲気で進めていきたい、という思いを見事に表した良い作戦名です。

♪ ヒーローたち、集結！

さて、作戦のスタートです。

ここでも、先ほどお話しした町田にある介護施設の佐藤亜美さんが活躍します。

彼女に話を聞くと、「医療従事者と介護福祉士の間には格差がある」という現実が見えてきました。

医療従事者のほうが世間的にも優位に見られていて、介護福祉士は少なからず負い目を感じているといいます。これは大きな障壁です。

率直に意見が交換出来るフラットな関係でなければ、互いの力を最大限に発揮することはできません。

それならば、現状を的確に捉えているケアマネさんこそ、みんなをつなぐ役割に適しているはずだと僕らは考えました。

医療従事者は勿論、彼女を含め、熱心で有能な福祉の専門家を「チャンポン大使」に任命。皆さんに医療施設と介護福祉施設と風に立つライオン基金の三者をつなぐ大切な役割を担ってもらえたら素晴らしい。

こうして「ふんわりチャンポン大作戦」の遠大なる構想ができあがりました。

今回の新型コロナウイルス騒動も、きっといつか収束するでしょう。しかし、その後も得体の知れない病気の流行や大災害が発生することは当然予測されます。この機会に、風に立つライオン基金がプラットフォームをきちんと作り、医療関係者と介護関係者とがひとつのパイプで繋がることが出来たら、疫病以外の何らかの災害が起きても、大きな力を発揮出来るのではないかと、作戦の参加者一同、大きな夢を共有し始めたのでした。

　さて、6月に入ると、世の中が少しずつ動き始めました。

鎌田先生はテレビや新聞、雑誌のインタビューを積極的に引き受け、風に立つライオン基金の活動を紹介しました。

基金の広告塔のような存在です。視聴者や読者からの募金も衰えず、ふんわりチャンポン大作戦の活動領域もさらに広がっていく良い循環が続きました。

そしてこの時期になると、我々の活動に賛同して下さる偉大な人々が続々と集まってくれるようになりました。

東大阪大学の鷹野和美教授は第1回のふんわりチャンポン大作戦に参加して

下さり、奥先生と共に奈良へ行って下さって以来、この作戦の重要なキーマンになって下さっています。

実は鷹野先生は長野県茅野《ちの》市で鎌田實先生と共に日本で初めての「デイ・ケア」を始めた伝説の人なのです。

感染症学の権威の一人である、大東文化大学の中島一敏《なかしまかずとし》教授も我々のスーパーアドバイザーになって下さいました。

福祉関係の第一人者でもある、慶應義塾大学の堀田《ほった》聰子《さとこ》教授も仲間に加わって下さいましたし、沖縄県立中部病院において感染症治療にあたる権威の一人、高山義浩《たかやまよしひろ》先生もアドバイザーとして参加して下さり、もう我々の「大作戦」はまるで映画『アベンジャーズ』のように、その専門のヒーローたちが揃い始めたのです。

彼らは後に僕が先陣を切ってコンサートを始める際の重要なアドバイザーとなって支えて下さるのですが、それはまた後ほど。

こうして今まで以上に素晴らしいスタッフに恵まれ、全員が、ふんわりチャンポン大作戦に夢中になったのです。

♪豪雨が九州を襲う

ふんわりチャンポン大作戦が本格的にスタートした頃、コロナウイルスとは別の脅威が日本を襲いました。

7月初めから月末まで続いた集中豪雨による災害です。

九州と中部地方に甚大な被害をもたらし、合計82名の方々の尊い生命が奪われました。

これは大きな衝撃でした。

最初に被害が出たのは長崎県です。五島《ごとう》地方と佐世保《させぼ》が豪雨災害に見舞われました。

ナガサキピースミュージアムの事務理事の増川《ますかわ》雅一《まさかず》さんに現地の情報収集を

依頼したところ、物資が全く足りていないという報告がありました。特に不足していたのが、消毒用のアルコールです。

風に立つライオン基金の事務所には新型コロナ対策用にと、濃度70％の消毒用アルコール（前にも述べましたが、消毒用アルコールは度数が高ければ良いというのではありません。１００％のアルコールだと瞬時に揮発してしまうため、消毒力が小さくなるからです。60～80％が良いと言われています）の５リットル缶を32缶備蓄していました。すぐに小分け用５００ミリリットルの空容器３２０個と共に、佐世保市に送りました。

実はこの時、我々の基金にご寄付いただいた５００ミリリットルの次亜塩素酸水１５０本も備蓄していたのですが、厚生労働省は次亜塩素酸水が消毒に使えるかどうかの判断を保留していたので、これを送るわけにもいかず、一旦は諦めていました。

ところがアルコールを発送する前日になって、厚生労働省から正式に次亜塩素酸水は消毒に「効果あり」という判断が出されたので、『手指消毒には使用不可』、また『テーブルなどの消毒専用』という注意書きを添えて、次亜塩素酸水１００本もアルコールと共に佐世保市に送りました。

勿論我々は、直ちに備蓄分を補塡しなければなりません。

だが、息つく暇もありませんでした。長崎の次に、福岡が水害に遭い、続いて熊本にも被害が拡大しました。

特に熊本の被害は甚大で、この災害は「令和２年７月豪雨」と呼ばれるようになりました。

この時には、風に立つライオン基金の倉庫にあるものは、何もかも、すべて送り切りました。それでも全く足りないため、支援物資と考えられるものを次々に購入しました。

沢山の募金が僕らを支えてくれました。買っては送り、また買っては送るの繰り返しです。

結果、九州にある17のボランティアセンターに支援物資を送ることが出来ました。

この時、熊本県人吉《ひとよし》市のボランティアセンターから、我々のこれまでの支援活動上初めて、といえるリクエストを受けました。

「水害で車が流され、物資を配る手段がありません。軽トラで構わないからトラックがあれば」

僕はすぐにカーコンビニ倶楽部の林《はやし》成治《せいじ》社長に電話をし、「社長、中古車でよいのです。軽トラックを探して下さい」と頼み込みました。

「わかりました！　すぐに探しましょう」

林社長は即座に動いて下さり、福岡県内で軽トラが3台見つかったというので、カーコンビニ倶楽部のスタッフが運転して福岡から人吉市に駆け付けてくれました。

ですがこのトラックは「他県から来た」ということになります。引き渡しのときには、きちんと消毒をしてからお渡ししました。この軽トラ3台はありがたいことに、カーコンビニ倶楽部の厚意により、無償での提供となったのです。

人吉市のボランティアセンターからの情報や、我々がお届けした軽トラのロゴを見て下さってか、現地のテレビ局が「風に立つライオン基金が頑張ってくれている」と報じてくれました。

また、「さだまさしさんから風に立つライオン基金を通じて、車3台が寄付されました」という人吉市長のコメントが、広くニュースで取り上げられたのです。僕ではなくカーコンビニ倶楽部のお陰なのですが。

こうした活動を、偽善とか売名行為だと言う人もいるけれど、何と言われても構いません。誰かが助かれば、それでいいのです。

こうしたメディアの報道のお陰で募金が増えれば、我々は次の支援に繋げられるのです。

良き連鎖となればいいと思います。胸を張って活動を続けます。

♪ コンサートの再開は可能か？

6月から7月にかけては、毎日、ふんわりチャンポン大作戦と、これに関するミーティングに追われました。

まだまだ「タラレバ」に近いのですが、これをきっかけに、我々の組織がもっと成長し、しっかりとしたプラットフォームを完成させることが出来れば、活動する地域も全国に広がりますし、医療と介護福祉とを繋ぐという役割を果たす「夢」がより一層現実味を帯びてきます。

では、この頃、音楽家としてのさだまさしは一体どうなっていたのでしょう。

7月に入ると、スタッフやメンバーから「コンサートをそろそろ再開させたいね」という声が聞こえてきました。

いえいえ、まだまだとてもコンサートをやるという雰囲気も無く、そういう気持ちにはなれません。

世の中全体が「県をまたいでの活動はもう少し辛抱しよう」という空気に包まれていましたし、第2波の気配が消えなかったからです。

全国各地に出掛けて生放送を行っていたＮＨＫ『今夜も生でさだまさし』も、県を越えての移動を自粛し、東京・代々木のＮＨＫ本局からオンエアを続けていました。

これがこの頃の「当然」だったのです。

ただ、うちのスタッフは仕事が大好きです。ここ数年、僕の1年間のスケジュールは、1月から3月にかけて新しいアルバムを制作し、それを手土産に5月から12月にかけてコンサートツアーで各地を巡っていました。

今年はコロナ禍によって、4月からのコンサートが延期になり、ツアーのスケジュールが（9月に再開したと仮定しても）少なくとも来春まで延長される見込みでした。

そこで僕のスタッフは「コンサートスケジュールのずれ込みで来年の1月から3月はアルバムを作っている時間が奪われる可能性があるから、仕事が入っていない今のうちに制作してしまいましょう」と言うのです。

実は２０２１年春に作る予定のアルバムはセルフカバーアルバム『新自分風土記Ⅲ』を予定していて、これまで僕が作って歌ってきた歌の中で、映画やドラマの主題歌になったもの、またコマーシャルなどで使用されたヒット曲を集めるものでした。ですから「創作期間」は必要ではなく、アレンジャーによる編曲の作業とすべて今の声で歌い直す為のスタジオ作業が必須でした。
（このアルバムは『さだ丼』というタイトルで２０２１年４月21日に発売されます）

おい、どれだけ働かせる気だ！　と笑ったものの、成る程確かにその通り。

「ではやっちゃうか」と。

お陰で、音楽家さだまさしも、一気に忙しくなりました。

コンサートを再開するきっかけは見つかりませんでしたが、いつでも出来るよう、再開に向けての準備は着々と進めていました。

感染症の専門医から、何度も何度も指導やアドバイスを受け、感染症に関する知識を蓄積しました。

たとえば、ライブハウスとコンサートホールの違い。

クラスターの発生場所として当初やり玉に挙げられた当時のライブハウスは、換気設備の不十分な密閉空間でしたので、密集した人々が大声を上げたり踊ったりすることで密接になり、感染症が広がる可能性が高くなるのです（現在は各地のライブハウスの多くが換気に関してはしっかりとした対策を講じています）。

一方我々が使っているような「コンサートホール」は、しっかりとした換気ができないと、営業の許可がおりません。換気設備の設置が義務付けられている所が殆どなのです（だからといって、コンサートの際に観客が感染する可能性がないとは言い切れません）。

多くのコンサートホールでは、客席からステージに向かって換気を行うか、客席の足下、或いは両サイドに換気をするという構造です。

こういう構造で換気をしていれば、先にも書いた通り、万が一ステージ上の僕が新型コロナウイルスに感染していると仮定しても、トークを行うような場合は2メートル以上、精一杯声を出して歌唱する場合でも5メートル離れていれば、お客様にうつす可能性は極めて少なくなります。

いくらshow must go on!「ショーを止めるな!」といっても、情熱だけでは決して成立しません。

コンサートの再開には、考え得る限りの、徹底した感染防止対策が必要なのです。

♪ 64人の観客を前に歌う

再開に向けての僕らのルール作りを模索するなか、まずは試験的に実際のコンサートで試す機会はないものかという気持ちが強まってきました。

そこへ大きなチャンスがやってきました。東京藝術大学の澤和樹《さわかずき》学長からの提案です。

「今回のコロナ禍で、若い芸術家が藝術の上でも経済的にも本当に苦しんでいる。藝大が行ったクラウドファンディングに募金して下さった方々の中から、人数を限定して公開するチャリティイベントを開催するので、一緒にやって下さい」

「僕でよければ、喜んで！」

こうして8月2日、「若い芸術家支援のための活動」として、東京藝術大学の奏楽堂《そうがくどう》でチャリティイベントが行われました。

１１００人収容の奏楽堂にお客様はたった64人。

藝大スタッフが知恵を絞り、お客様にはホール中央より後ろの座席に、４席おきに座っていただき、決して密にならない環境を作り上げました。

そうなるとステージ前の客席は誰も座らないので、がらんとして寂しくなります。ここで東京藝術大学大学院教授の籔内佐斗司《やぶうちさとし》先生が力をお貸し下さったのです。籔内先生は文化財保存学の権威で、平城遷都１３００年祭の公式マスコットキャラクター「せんとくん」の作者としても有名な方です。籔内先生が製作された『平成伎楽団』という作品があります。「伎楽」は上代に中国からもたらされた音楽ですが、平安時代以後、少しずつ忘れ去られてしまいました。

籔内先生は、この伎楽を「時代を超えて」現代に復活させるべく想像力に溢れた「かぶり物」を製作。２００９年に『平成伎楽団』という仮面芸能集団が結成されました。

その『平成伎楽団』が使用する籔内先生の作品（かぶり物）たちを、ホール前部の客席に、あたかもお客様がお座りになっているかのように座席に座らせて下さったのです。

ペンギンやオオカミ、天狗のかぶり物。ステージから眺めたら、そのなかに「せんとくん」もいました。

ステージから眺める客席をご存じない方には想像していただくしかありませんが、実際のコンサートでもこの客席のように、ペンギンやオオカミ、天狗やせんとくんに「見えてしまうお客様」が確かにいらっしゃるのです。おっとこれはまことにどうも失礼（笑）。

というわけで、この日は平成伎楽団と64人のお客様を迎えました。

ニューアルバム『存在理由〜Raison d'être〜』から、１曲歌い終えたときに拍手が沸き起こりました。

僕はその拍手の音に驚きました。１１００人のホールに64人のお客様となれば、当然パラパラッとした寂しい拍手になると思い込んでいましたが、なんと満席のコンサートホールの拍手の音とそう違わないのです！

「たった64人なのにこんなに熱い拍手が起こるのだ」とただただ感動した、気持ちのいい拍手でした。

『平成伎楽団』の皆さんたちも一緒に拍手をしてくれていたのでしょうね。

東京藝術大学奏楽堂でのチャリティイベントを終えた夜、「ああ、コンサートを開きたい」という意欲がふつふつと込み上げてきました。

少ない客数で良いから安全なコンサートを成功させれば、ほかの音楽家たちも動き出せるのではないか。

「日本で一番沢山コンサートをやってきたんだから、お前が先に動け」という声は仲間たちからも聞こえてきていました。

「いつ頃から歌い始めるの？」という声も届きます。

みんな怖いのです。感染症を広げてしまったら、という恐怖と、今始めたら一部の人々から批判を浴びてしまうのではないか、という二重の恐怖です。

僕にも実際に行う勇気はなかなか湧いてこなかったのですが、この時に「いやいや、やれる。やるべきだ」という思いが強くなりました。

そのために現実的できちんとした対応策を考えよう！

東京藝術大学奏楽堂で、僕は大きな決意の源をもらったのです。

♪ 涙の直前キャンセル

僕は8月17日に名古屋国際会議場のセンチュリーホールで、観客を入れてコンサートを行うと決意していました。

これは毎年行ってきた風に立つライオン基金の「高校生ボランティア・アワード」と共に、基金の財政を応援するための「チャリティコンサート」です。

「高校生ボランティア・アワード２０２０」はコロナ禍で無念にも開催を見送り、２０２０年12月にＷＥＢ大会を行うことにしましたが、チャリティコンサートそのものは行うつもりでいました。

名古屋国際会議場センチュリーホールは、我々の支援活動に極めて理解のあるホールです。

２０１１年、東日本大震災で放射能被害を受けた福島県への支援コンサートを行った際（南こうせつ、一青《ひとと》窈《よう》、山崎まさよし、スターダストレビュー、さだまさし）、意気に感じて、なんと会場使用料を全額チャリティして下さったのです。

その後もさまざまな支援に関するお付き合いが深まり、今年国際会議場で行う高校生ボランティア・アワードとセンチュリーホールで行うチャリティコンサートも「共同主催者」として無料で貸して下さることになっていました。

今年は人が沢山集まる「高校生ボランティア・アワード」は実現不可能ですが、チャリティコンサートは「風に立つライオン基金」のためにもどうにか実現したいと思っていました。

その頃のガイドラインでは、コンサートを行う際の観客数は定員の50％以内とされていたのです。

名古屋国際会議場センチュリーホールの定員は３０００人。50％でも１５００人。

それほどのお客様に来ていただければ、コンサートとしても成立するだろうし、そのコンサートを「有料配信」すれば、もしかしたら基金のために若干の収益が出せるかもしれない。

もし収益が出なくても、僕らにとっては「コンサートを行う」ということが大切な一歩であると考えたのです。

２月13日の滋賀県立芸術劇場びわ湖ホールを最後に止まっていた「コンサート」という時計がようやく動き出すのです。

しかし、８月に入って再び、感染者が急激に増加してしまいました。

そして名古屋国際会議場センチュリーホールがある愛知県は、県独自の緊急事態宣言を発出するという事態になってしまいました。

世の中の動きを注視しながら、コンサート開催の１週間前まで「行うつもり」で頑張りましたが、世論の流れとして、この日に「観客を入れて開催する」ことを諦めました。そしてコンサートは無念だけれども「無観客」で行うことにしよう、と方針転換。

コンサートの模様は有料配信されることが発表されていましたし、配信チケットも発売されていましたのでキャンセルはできません。「配信のためのコンサート」に向けて全力を尽くす決心をしました。

しかし今の事態を冷静に考えてみると「無観客」でコンサートを開催するために、メンバー、スタッフ、総数30人以上が東京から名古屋へ移動することになります。そのこと自体が、愛知の方々にとっては迷惑なのではないかということに思い至ったのです。

「名古屋国際会議場センチュリーホール」に相談したところ、快く「では今年は諦め、改めて是非また来年やりましょう」と言って下さったので、我々は名古屋へ行くことを中止しました。

そして「配信のためのコンサート」はほかの会場で、と頭を切り替えたわけです。急に状況が変わったとはいえ、コンサートが1週間後に迫った8月10日になってからの「遅すぎる決断」。既に入場券をお買い求め下さったお客様には払い戻しをさせていただくことにし、「移動しないで済む」東京都内でライブ配信が出来る場所を探し始めました。

　コロナ禍により、ほとんどのコンサートが中止もしくは延期になっていたとはいえ、僅《わず》か1週間で代替のホールを探すことは殆ど不可能と考えましたので、配信だけ行うのならばたとえばレコーディング・スタジオのような場所でも可能ではないか、などとあらゆる可能性を探りました。

　ところが、ありがたいことに我々の窮状を聞いて、東京都府中市にある府中の森芸術劇場が配信ライブ会場としての使用を許可してくれたのです。僕のコンサートで毎年使わせてもらっている素晴らしいホールです。

　ホール側と相談し、配信のための設備もギリギリ間に合いました。しかしどの会場で行っているかは、コンサート終了まで非公開にすることにしました。配信中に会場名が出てしまうと、万が一会場に集まる人がいないとは限らないので「密」を防ぐため、「都内某所のコンサートホール」という形で、無観客コンサートを開催しました。

何もかも急なことでしたので、配信チケットを何万人もの人が買って下さったわけではありませんが、このコロナ禍で僕らが「出来る限りのこと」を実現させた第一歩だったと思っています。

♪ 無観客ではコンサートは成り立たない

配信コンサートは、無事に終わりました。

心配していたトラブルは何ひとつ起きませんでしたが、どこか胸がすっきりとしません。なんだか心持ちが違うのです。

やはりコンサートは、歌手とお客様とが、向かい合い、同じ場所で心を合わせることで成立する「祭り」なのです。

今回のライブ配信では、視聴者にコンサートの雰囲気を少しでも感じてもらえるようにと、ＮＨＫ『今夜も生でさだまさし』で音響効果を担当してくれている住吉《すみよし》昇《のぼる》さんにお願いをし、前もって僕のかつてのライブ音源から「笑い声」や「拍手」を抜き出してデータとして準備。ライブに合わせて住吉さんのセンスでお客様の拍手や笑い声を加えてもらいました。

僕も後でライブ映像を見ましたが、住吉さんのお陰でとても良いライブ感が出ました。テクノロジーの進化ってすごいなと感心しました。視聴者からも、「お客さんが入っていたかのようだった」という声もいただきました。

ただ、やはり何かが、違うんです。ライブ配信はやはり仮想現実です。生でありながら生ではないというジレンマがあります。

20世紀最後の哲学者と言われるヴァルター・ベンヤミンの言葉にあるように「複製品にはアウラは存在しない」のでしょう。

やはり本当のライブでお客様と向かい合いたい。そんな気持ちが歌いながらふつふつと湧いてきたのです。

ほかのメンバーたちも同じ気持ちだったようです。コンサートの途中から、メンバー間のなかで「まさし、思い切って、コンサートをやるって言っちゃえ！」という空気が広がり、その熱に背中を押されました。

その時点ではまだ希望に過ぎず、確定していなかったにもかかわらず僕は「観客を迎えてのコンサートを、９月１日、川越からスタートさせます」と。

そう言ったら、スタッフやメンバーが「ああ、言っちゃった」と苦笑しています。自分たちがけしかけたくせにねえ。

それでも言ってしまった以上、責任をもって、実現に向けて取り組むだけです。

♪ 夏の甲子園に思うこと

さまざまな出来事がありながら、ものすごいスピードで駆け抜けていった僕たちの２０２０年の夏。

８月は、ほかの月に比べて早起きです。

広島の８月６日８時15分。

長崎の8月9日11時2分。

仮にベッドの上であろうと、野球大会の二塁ベース上であろうと、その時間には静かに合掌して平和を祈るのは子どもの頃からの約束です。

それとは別に、夏といえば、僕には毎年楽しみにしている風物詩があります。全国高等学校野球選手権大会、通称「夏の甲子園」です。

毎年、夏の甲子園の開会式は何があっても必ず見ることにしています。

あの開会式が夏の甲子園の象徴です。厳しい予選を勝ち抜いて集まった全国の球児が甲子園を一周し、外野に横一線に並ぶ。

日本の夏のテーマ曲ともいえる『栄冠は君に輝く』に合わせて、球児たちが内野に向かって前進してくる瞬間、僕は、毎年涙をこぼします。

しかし、今年は開会式が見られませんでした。コロナウイルスの影響により、大会自体がなくなってしまったためです。

昔、『甲子園』という曲を作りました。1983年に出したアルバム『風のおもかげ』に収録されています。

蟬時雨《せみしぐれ》降りしきる中、喫茶店で高校野球の中継を見ながら、大好きな彼女との、別れの時を迎えている主人公。テレビの中でアナウンサーの「ホームラン」という叫び声に誰かの青春が終わるのを聞いている。やがて試合の最後には補欠選手が代打指名され、甲子園最初で最後の打席に入ってゆく。主人公にとってはこの恋の最後の打席。

そんなシーンを切り取った歌でした。

夏の甲子園はトーナメント方式なので、たったの一度も負けないチームはひとつだけ。

だが、負けたチームも負けたのはたった一度だけ、と歌いました。

今年、球児たちにはその「只一度負ける」という機会さえ与えられなかったのです。全国高等学校野球選手権大会は開催されず、勝者なき夏になりました。

でも、「誰も勝てなかった夏」と言うのは嫌です。

「誰も負けなかった夏」と言いたいのです。

戦えなかったことがきっと今は、悔しくて、大切な夢を理不尽に奪われたような気持ちでしょう。

実際に、このことで自分の将来が大きく変わってしまう人もあると思います。しかし必ず、「あの時に甲子園がなくなったから、今の俺があるんだ」と思える日が来るはずです。

人生はそういうものだからです。

ところで、甲子園が中止になったとき、ひとつの疑問が頭を駆けめぐりました。

今年の夏の甲子園は、第１０２回大会の予定でした。それが中止になったのだから、来年の大会の名称はどうなるのだろうかと。延期扱いで来年の大会を第１０２回と呼ぶのか、それとも第１０３回にするのか。些《さ》細《さい》なことと思われるかもしれませんが、一大事です。今年が消えてしまうことになるのは可哀想だと考えたからです。

しかし主催者も同じ気持ちでした。今年の夏、第１０２回は中止とされ、来年の夏の甲子園は第１０３回になることが発表されたのが、実は密かにとても嬉しかったのです。

今年の夏の切符や栄光をつかんだかもしれない球児たち、そして地方大会で敗退してしまったかもしれない球児たちにとって、第１０２回大会は確かに存在したからです。

栄冠は君たちに輝きました。

コロナだから、さだまさし

8月22、23日、日本テレビの夏の恒例番組『24時間テレビ　愛は地球を救う』が放映されました。

出演の依頼を受け、僕は局のリクエストで『主人公』という歌を歌わせていただきました。

これを見ていた噺家《はなしか》の春風亭正太郎《しゅんぷうていしょうたろう》が僕に言った言葉があります。ちなみに、この春風亭正太郎は僕が高校時代に在籍した國學院高校落語研究会の可愛い後輩で、高校教師になった仁木《にき》健嗣《けんじ》の「教え子」なのです。つまり僕にとっては孫弟子（笑）にあたります。２０２０年の段階ではまだ二ツ目ですが、２０２１年春に九代目春風亭柳枝《りゅうし》の名跡を継ぎます。先代の八代目柳枝は61年前に亡くなりましたが、それ以降、名前が偉大過ぎて、誰も継げなかった大きな名前です。それを後輩の、そのまた教え子が継いで柳枝になる。随分頑張ってくれたなあという感激と共に実に妙な気分でもあります。

雑誌「Ｐｅｎ＋」の対談で、その正太郎が、「さださん、24時間テレビばかりじゃなくて、今年ずいぶんモテますね。テレビにいっぱい引っ張り出されて」と言いました。

「そうなんだよ」

「何故今さだまさしなんですかね？」

二人して考え込んだのですが、これまでのことを振り返ってみれば、どうも不景気になると、さだまさしがモテる（笑）。

何だか困ったときには、さだまさしの歌に気づいてもらえるのではないかと。

バブルの頃は見向きもされなかった「さだまさし」なのに、今年は得体の知れない不安な病気が流行ったので、ふと聞いてもらえる。

「俺の歌って、きっとそういうものなんだよな」

そんな「さだまさし」の立ち位置にも気づかされました。

NHKにもお陰様でモテましたよ。

春以降は「密を避けるために」地方での収録が出来ないので『NHKのど自慢』が収録出来ず、日曜日のお昼の大切な時間がすっかり空いてしまったのです。

困ったプロデューサーが、ふと思い出してくれたのでしょう。

僕と泉谷しげるさんの二人に「何かやって」というリクエストです。

僕は毎月深夜に『今夜も生でさだまさし』という番組を担当していますので、日曜昼も〝生さだ〟風にやってくれ、と。

大切な時間に声をかけていただいたのは光栄なことですし、困ったときはお互い様、というのでお引き受けしました。

その打ち合わせで、泉谷さんがＮＨＫスタッフへ一言。

「いいよ。やるけどさあ、どうせコンテンツが足りてきたら、俺たちのことはすっかり忘れやがってよ、偉そうにするんだよな、お前ら」

「そんなことないよ」とＮＨＫのスタッフ全員爆笑でした。

いえいえ勿論「コロナだから、さだまさし」というのは、とてもありがたいことなんです。コロナによって仕事が出来ずにみんな苦しんでいるのですから。

しかし不思議ですね。

「〝コロナの今だから聞きたい歌〟を特集します。さださん、『いのちの理由』を歌って下さい」

「うちの番組では『風に立つライオン』をお願いします」

「24時間テレビは、やはり『主人公』しかないでしょう」

凄く嬉しいんですが、「今だから」じゃなくていつでも普通に聞いて下さい（笑）。

♪ 誰にも会わないことは、死ぬより難しい

9月1日のコンサート再開が、刻々と近づいてきました。

当時のガイドラインに則《のっと》って50%の集客といえども、観客を入れて開催するという僕の決断に、「叩かれるかもよ」「不安はないの」と問いかけてくる仲間もいました。

正直言って、勿論不安だらけです。

一番の心配は「感染を広げることにならないだろうか」ということです。

ツアーで各地に行くとなればメンバー、スタッフを護ることも大変です。観客に感染が広がったら、と考えたら寝られなくなるほどです。

それに聞きに来てくれる人はどのくらいあるのだろうか、という不安もあり

ます。

第一、どう考えても50%の集客では赤字覚悟の挑戦です。

世の中には不安から家を一歩も出ない「ステイホーム」を護っている人もあります。それも自分を護るための大切な選択のひとつです。平気で出掛ける人だってあります。それもまた自己責任に於ける「自由」な選択肢のひとつです。コロナ時代の生活に、正解はないのです。

閉じこもるのか、それとも出ていくのか。

この選択は、各個人の決心に委ねるしかありません。

しかし出ていくという決心には、大きな勇気が必要です。もしも新型コロナウイルスに感染したら、死ぬかもしれないという、その覚悟がなければ、外へは出られません。

冷静に考えれば、コロナのない普段の生活でも、人生に「絶対安全」はありません。そもそも外に出るということは、常に危険に満ちているからです。

油断することなく、毎日、うがい、手洗い、靴と衣服の消毒、マスク着用など、最大限の感染予防に努めていますが、それでも危険性があります。

とは言え、もしも自分が感染したら、その時に最も正しいと思われる対処法を考えておくことも大切なのです。

コロナ感染が急激に増えて我々がただただ呆然と恐怖した２０２０年の３月、４月頃に比べて、少しずつコロナの正体が見えてきました。

飲食などで長時間マスクを外したまま近くの人と話したりすることがかなり危険だということがわかってきました。

それでも日々の感染予防、アルコールによる手指消毒やマスクの着用、三密を避けて換気に気をつける生活を続けてさえいれば、むやみやたらに罹るものではないことがわかっています。

僕は立ち止まることより、精一杯の安全策を講じながら、前へ進む道を選びました。

日本で一番沢山コンサートを行ってきた「さだまさし」の責任として、コンサート再開への道を決心したのです。

そうです。

show must go on!

「ショーを止めるな！」です。

♪ 生存か？・9人の会

僕の気持ちや決断は、ツアーのスタッフやメンバーにも随時伝えていました。

2月を最後にコンサートが一気に中止になり、スタッフやメンバーは揃って暇になりました。彼らは口々に寂しさを語ります。

「まさしは風に立つライオン基金の活動があって大変だろうけどやることがあるよね。俺たちは音楽を取り上げられたら何にも出来ることがない」と。

元々みんな好い人ばかりで、普段から仲の良いバンドですから、リーダーでピアニストの倉田《くらた》信雄《のぶお》君の呼びかけで、毎週火曜日の夜9時から、リモート飲み会を開くことになりました。

メンバーは僕を入れて9人。飲み会のタイトルは、「生存か?・9人の会」です。「生存確認の会」という倉田君らしい駄洒落《だじゃれ》です。

その「生存か?・9人の会」のリモート飲み会で、僕は彼らに本心を問いました。

「みんな一流のミュージシャンで、ギャラ自体、本人の努力によって得た価値だからこれを値切ることは出来ない。だが、コンサートを再開したとしても、観客がぐっと減るから、僕としては赤字覚悟になる。ことによってはギャラが払えなくなる場合があるかもしれない。それでも、やってくれるか?」

メンバーたちは、あっさり「やる」と言ってくれました。

「まさしが先頭に立ってコンサートをやるってことは音楽界にとってもきっと良いと思う。みんなで頑張ろう。ギャラは大切だが、まさしが払えるときにもらおう」と。

そこで僕はお願いしました。

「では、可能ならば3年間、このメンバーとスタッフで、コンサートを続けたい。今年のコンサートツアーは赤字かもしれないけど、2年経ち、3年後に、きっと取り返せるように努力するから」と。

スタッフも同じ思いでした。メンバーとスタッフは一丸となり、僕たちが乗った「全集中、歌の呼吸、壱ノ型」の『無限列車』は見切り発車をしました。

♪ SNSが怖い

今回のコロナ禍で、人は感染への恐怖と、経済活動が止まってお金が回らなくなることへの恐怖に慄きました。その中で情報によるパニックが「怖い」と感じた人も多いのではないでしょうか。

感染が広まりつつあった春先、マスクの買い占めが起こりました。マスクが足りないという報道を聞いて、スーパーやドラッグストアにつめかける人々。デマによって、トイレットペーパーやティッシュペーパーまで買い占められました。

医療現場からもマスクが消え、大きな混乱とマスク価格の高騰を招きました。そして、マスクを着けていない人を見つけると「自粛警察」が現れて、その人を叩く。

地方では感染者を中傷し、仕事を辞めたり引っ越しせざるを得ない状況に「追い込む」という悲惨な事態も引き起こしました。

こうした社会の風潮はとても悲しい。

でも「自粛警察」の出現は驚きませんでした。何かが起きたときに己の怒りや鬱憤のエネルギーを「社会正義」の名を騙って行う心の「暴力」。これは長い間に生まれた日本人の負の部分が表にはっきり出てしまっただけのこと。

元々人間には普段は心の奥に隠した「負」の部分が必ずあります。

東日本大震災の際にも起きたことですが、こういう「パニック」がきっかけで「闇の部分」が表面化する、というのは世界中の何処でも起きることなのです。

江戸時代には、村八分が平然と行われました。特定の個人に対して、集団で無視したりのけ者にするといういじめを行ったのです。

　これとネット上の袋叩きや炎上は同じです。

　新型コロナウイルスの場合、感染者を怖がる気持ちは理解はできます。感染した人だって、罹りたくて罹ったわけではない。

　とはいえ、もし身内に感染者が出たら、僕はきっと「普段の心構えや注意が足りないからだ」と言ったかもしれません。だがそれは「身内だからこそ」の愛をもって相手の日常の油断を諫《いさ》める心遣いのひとつであり、何の縁もなく、人柄も知らない他人に発すべき言葉ではありません。

　片方で「医療従事者に拍手を送ろう」と言いながら「あの病院はコロナ患者を受け入れているからコロナ病院だ、近寄るな」などという差別や悪魔のささやきを拡げる二面性。

「あの人はコロナ病院の看護師だからあの家の子どもはコロナだ」という全く根拠の無い流言飛語。日本人はどんどん劣化しています。

　見下げ果てた見識の低さですね。

そういった親の言葉を真に受けて子ども同士で虐めたり差別したりする子どもがいたら、流行りの『鬼滅の刃』を使ってこう説明しましょう。

人の悪口を言う人や人を虐める人、また人を差別する人はもう「人」なんかではなく「鬼」です、鬼舞辻無惨の一味です。

だから君は「竈門《かまど》炭治郎《たんじろう》の敵です」ってね。

でも人を虐めたり差別したりして、一旦鬼になってしまっても禰津子《ねずこ》のように鬼になりきらず、人として戻ってくる人があります。「きみ、禰津子になりなよ」ってね。

ＳＮＳでの個人攻撃は、大きな社会問題になっています。

どなた様か知らないけれども、偉そうに言いっ放すだけで、後は野となれ山となれで、一切合切責任など取らないという姑息さには哀しさを通り越して怒りすら覚えますね。

自分が言ったということがバレない匿名「＃名無しさん」だから言える、見下げ果てた卑怯卑劣の人たちです。

一度ネットに投稿した言葉は決して消えません。人への悪口も陰口も、嘘でさえ永遠に残っていきます。悪意ある言葉を公の場で発信するということは、天にツバするのと同じ。これは必ずいつか自分に返ってきます。

♪ 日本人は日本語が下手になった

公の場と自分一人の閉じた場が区別出来ないから起きるハラスメントという問題を考えるとき、日本人は日本語が下手になってきていると感じます。

現在の状況や自分の主張、疑問などを相手にわかるように、穏やかな言葉に変えて伝える能力が落ちているのです。同時に聞く力が失われています。

「話し上手は聞き上手」という言葉の逆、「話し下手は聞き下手」なのです。

話すときに相手に理解してもらうだけの日本語力の無い人は、どんな上手な相手の言葉を聞いても理解出来ません。お互いに日本語力が低いと、発言者と聴き手双方に不快な思いが募ってゆくだけなのです。

コロナ感染が拡大するなか、さまざまなリーダーがメッセージを発信しましたが、日本語の使い方が不満でした。

今一体何がどうなっており、これから一体どうしたらいいのか、という明確な現状の報告が無く、説明がわかりにくく、今後の我々が目指すべき共通の目的や方針が見えてきませんでした。

誰かに自分の代わりに説明させるのではなく、リーダーたちが出来る限りの勉強をして理解し、自分の言葉で人々に伝えるべきです。

リーダーの言葉に対して役所がすぐに実現出来るかどうかは別にして、たとえばわかりやすい数字を示しながら精一杯の説明があれば、みんながもっと安心出来たかもしれません。

♪ 言葉は難しい

僕は「うたづくり」をする歌手で歌詞も自分で書きますから、言葉に対してはこだわりもあり、ある意味では敏感です。

僕自身も出来ればいつも耳に心地好い、美しい言葉を使いたいものだと願っていますが、それもなかなか難しい。

時代の流れとともに言葉は変わっていきますから、美しい言葉も使用頻度が下がると共に忘れ去られてゆくのです。

以前、TBSドラマ『天皇の料理番』の主題歌『夢見る人』をお任せいただいたとき、「ゆくりなく人は出会い」という歌詞を書きました。ところが若い人には「思いがけず」という意味の「ゆくりなく」の意味がわからない。

「ゆくりなく」という日本語の響きを、美しいとお感じになりませんか。

日本語には、美しい響きの言葉が沢山あるのです。

中臣《なかとみ》の大祓《おおはらえ》にもあるように「かつては木も草も岩も言葉を話していたが、神々がお決めになったことで、言葉は人間だけのものになった。だからこそ大切にしなければならない」というのが「言霊思想」の原点です。

言葉こそ、我々のコミュニケーションの上で最も大切にしなければならないものです。

プロ野球の試合中、途中降板させられた外国人投手がベンチに戻り、グラブを叩きつけたり、不機嫌に何か叫んだり、というシーンを見かけますが、メジャーリーグではあまり見かけません。

言葉が通じないもどかしさが、外国から来た彼らを追い詰めているのです。

ルーマニアの哲学者シオランの言葉に、「国は国語なり」という言葉があります。

どこに住んでいるかという地図上の場所ではなく、どこの国の言葉を話しているかこそが国境を示すのだ、という意味です。

いかにも苦難の歴史を歩んだルーマニアの人らしい言葉ですね。

しかし、言葉を大切にするといっても現在ではあまり使われない言葉を使うと、言葉の意味が伝わりにくくなってしまいます。仕方がないのかもしれないけれど、寂しいですね。

「やばい」「マジか」「喰う」「ざけんな」「ちげえよ」「うまっ」「まずっ」

言葉が簡略化され、響きが汚れます。日本語の劣化です。

このまま日本語は美しさを失っていくのだろうか。

せめて歌の中だけにでも、美しい言葉を残したいと思って「うたづくり」に励むのです。

♪ 大学、再開までの道のり

コロナ禍で最も被害を受けたのは、学生、生徒たち、ことに大学生ではないかと感じています。世の中が動き出したにもかかわらず、大学の授業は止まったままです。

僕は２０２０年８月１日に東京藝術大学の客員教授を拝命しましたが、残念ながら春以降、大学の門自体は閉ざされたままです。

先にお話ししたように、澤学長の発案で発表の場や演奏の場を失った「若い芸術家たち」を支援するためのクラウドファンディングが行われ、かなりの支援が寄せられました。8月2日には奏楽堂で感謝のライブを行い、僕もお招きいただいたのですが、大学そのものでは、まだまだ対面での授業は実現が難しいようです。

というのも新型コロナウイルス禍に見舞われた当初、いくつかの大学でクラスターが発生し、痛烈な批判が集中し、袋叩きに遭いました。それで外から「学生の安全をどう担保するのか」と言われれば、対面での授業を当面行わないことでしか対応が出来ない、という切ない事情があるのです。

まさに可哀想なのは大学の新入生ですね。

そんな中、東京藝術大学の澤学長から「教室での授業は無理ですが、リモートでやってくれませんか」と提案を受けました。

しかし「うたづくり」の心を共に高めよう、学ぼうとする僕の授業では、話し手と聴き手との間の体温の繋がりというのはとても重要です。ことに「言葉を選ぶ」という授業となれば「教えます→憶えます」という一方的な性質のものではありません。聴き手に何かを伝えるには、相手の目を見つめて「僕はこう思うが、あなたの思いはどう？」という真剣なやりとりをしなければならないのです。

そうでないと、話し手も聴き手もモチベーションが上がりません。

一度も対面もせず、いきなりのリモートではなかなか体温の部分が伝わりにくいため、澤学長に無理をお願いして「密にならない」広い教室か講堂での「講演」を行うことにしましたけれども、結果、21年度に延期されました。

やはり、コロナで最も打撃を受けているのが大学生であることは、間違いがありません。

まして地方から出てきている学生は実家から「感染が怖いから、帰って来るな」と言われてしまいます。あまりにも可哀想ですね。

誰かが先陣を切って新しい安全なガイドラインを示さなければなりません。

感染を最大限予防できるシステムを明確に示して、最初に実行する勇気が必要なのです。

♪ コンサート、始めました!

ついに、コンサート再開の日がやって来ました。9月1日、ウェスタ川越の大ホール。僕たちはこの日に向けて、万全の努力を重ねてきました。

コンサートを行うにあたり、まず新型コロナウイルス感染症対策分科会のガイドラインに沿って行うことが社会的に求められます。

2020年9月18日より以前のガイドラインでは、スポーツなど大規模イベントは5000人以下の集客、コンサートホールでは50%以下の集客と定められていました。

これに沿って「さだまさしコンサートツアー2020」も、当分客席定数の50%以下の集客で実行すると決めました。

また、ガイドライン遵守に加え、独自の感染防止対策を行います。繰り返しになりますが、以下の通りです。

入場の際にお客様への「検温」。アルコールによる「手指消毒」。念のために、分科会のエビデンスには示されていないけれども消毒液による「靴底の消毒」。さらに、マスクの常時着用、大声を出さない、立ち上がらない、「密」を防ぐために終演後の規制退場もお願いしました。客席をブロックごとに小分けにして、小人数ずつお帰りいただく。密を避けなければならないからです。

さらに、お客様には「健康チェックシート」の記入とともに、連絡先を教えてもらうことにしました。感染者が出た場合、速やかに連絡が取れるようにしておかなければなりません。勿論個人情報ですから大切に保管して、１か月後に何もなければ焼却します。

ひとつのコンサートを開催するのに、わざわざお出かけ下さるお客様に対してこれだけの不自由をお願いするのは本当に申し訳ないことですが、最優先されるのが安全とまさかの時の対策です。

こんなに面倒なことを乗り越えてまで、言い換えれば「命懸けで」歌を聞きに来て下さるお客様のことを思うと、胸が熱くなります。

コンサートは、僕の思い入れや、僕の情熱だけでは成立しないのです。お客様のいないレストランが成り立たないように、観客なしではコンサートは出来ません。

開場前にはスタッフによってお座りいただく全座席の消毒を行います。沢山の人の手によってやっと動くのです。

楽屋の様子も、今までとは違います。普段なら、長テーブルの上にホットミールや氷で冷やした各種飲み物、また関係者が差し入れてくれる土地の名物やお菓子、コーヒーメーカー、電気ポットなどが並びます。

でも、今は一切そういうものはありません。楽屋裏のテーブルには表面を消毒されたペットボトルのお茶や水がただただじっと並んでいます。スタッフとメンバーには、安全に作られた弁当が支給されます。

今までの賑やかな楽屋風景に慣れていましたので、確かにちょっと寂しい。

でも、そんなことより、僕たちにはコンサートが出来る喜びの方が、はるかに大きいのです。

コンサート再開の第1回、ウェスタ川越の大ホールは、通常1700人を収容します。

安全を考え、ステージの端から最前のお客様まで2メートルのソーシャルディスタンスを取るために、ステージの前2列を完全に空けて、お客様には3列目から1席置きにお座りいただく。

結果、用意出来た客席数は700と少しになりました。

この時に熱心なお客様から、こんなメッセージをいただきました。

「私はさださんが地元に来たとき、欠かさずにコンサートへ行っています。でも私は保育士で、毎日子どもたちと接しています。万が一のことを考え、残念ですが、今回のコンサートは、行くのをやめておきます」

また、こういうメールもホームページに届きました。

「私は新型コロナウイルス感染症患者を受け入れている病院に勤める看護師なので、万一を考え、今回は遠慮します」

断腸の思いで、コンサートを諦めてくれた人もいるのです。

僕が先陣を切ってコンサートを再開する、と聞いた若いミュージシャンがこう言いました。

「さださんとお客さんには強い信頼関係があるんですね」と。

成る程「私が感染しているかもしれないと思うから敢《あ》えて行かない」という決断をしてくれるようなありがたい方が僕のお客様には多いのです。

また、お客様も「さだが敢えてやると言うからには、きっと最大限の安全策を採ってくれているはずだ」という信頼がある、ということです。

これがお客様との信頼関係なんだ、と改めて感謝と共に喜びを感じます。ですから、尚更裏切ることが出来ないのだ、とも。

ステージ上から客席を見ると、確かに空席は目立ちました。でも、不思議なことに、観客が少ない不満など、全く感じませんでした。

拍手が、いつもの音量と変わらない。みんな心を込めて手を叩いてくれています。

僕のコンサートは長いと言われています。トークが長いからです。クラシックコンサートのように休憩を挟むこともありますが、今回は無しです。

感染の危険を減らすために、休憩でお客様が動くことで密になるのを避ける意味もあります。

なんとか2時間で終わらせようと取り組みました。結局この日は、アンコールもあり、2時間から少しこぼれました。コロナ太りとトレーニング不足のせいで、正直きつかったですが、なんとか歌い切りました。

終わった後は、達成感よりも、やっと始まったという気持ちが強かったのです。

コンサートは川越を皮切りに、新潟、市川、大阪へと続いていきます。まずは精神力と体力を取り戻さなければいけません。

歌手・さだまさしが感じたこと

新型コロナウイルスによってコンサートが出来ない期間は、2月14日から8

月31日まで、6か月半に及びました。

これほどの長期間、観客の前で歌わなかったのは、プロの歌手としてデビューして以来、はじめてのことです。しかし、その不自由さによって、気づかされたことが一杯あります。

この病気は、いろいろなことを教えてくれました。歌手・さだまさしにとっても、一人の人間・さだまさしにとっても。

まずは歌手・さだまさしについて。

前にもお話ししたように、今回のコロナ禍によってさだまさしの出番が増えました。

決して本意じゃないですが、「コロナだから、さだまさし」と言われるくらいニーズが高まったのです。

歌番組やバラエティ、ワイドショーなど、さまざまなジャンルのテレビ番組から出演依頼が相次ぎましたし、僕が自ら情報を発信する公式サイト「Mass@Mania」の加入者やインスタグラムのフォロワーも急激に増えました。

歌番組やイベントでも、新曲ばかりではなく、「今、こんな生活を強いられる中だからこそ、こんなさだまさしの歌」が聞きたい、と求められました。

「今、コロナ禍で聞きたい歌」というカテゴリーは僕にはピンときませんが、そこに選ばれる歌は、不思議に僕が永年歌い続けている曲ばかりなのです。

『道化師のソネット』や『主人公』や『風に立つライオン』、そしてリクエストが多かったのが『いのちの理由』です。

『いのちの理由』は、２００９年、法然上人《ほうねんしょうにん》の８００年大遠忌にあたり、みんなで歌えるような曲を作ってほしいと、浄土宗から依頼を受けて生まれました。

最初、「そんなに大切な曲を、僕が作っていいのだろうか」と思い、僕に依頼した理由を知るために、知恩院まで聞きに行ったほどです。

「本当にさだまさしが、法然上人に捧げるような歌を作っていいんですか。第一、うちは代々浄土真宗なんですけど（笑）」

「そんなことは気にしないで下さい。浄土宗も浄土真宗も同じようなものですから（笑）」

さすがに浄土宗、懐が深いなと感激しました。

「では、歌詞のなかに法然上人の名前や、浄土宗という名称は入れますか？」

「いえ、それも気にしないで下さい。ただ、出来たら10年経っても、20年経っても、誰かが歌ってくれるような、そんな曲を書いて下さいね」

さすが浄土宗総本山の知恩院。でも、それが一番難しい注文なんですが。

結果として、『いのちの理由』は最近の僕の歌のレパートリーのなかで、一番カバーされている曲になりました。岩崎宏美《いわさきひろみ》さんやクリス・ハートさん、平《ひら》原綾香《はらあやか》さんが歌ってくれているし、あとコロッケさんも歌っている。夏川《なつかわ》りみちゃんもカバーしたいって言ってくれました。

今回の新型コロナのように世の中が不幸な事態になると『いのちの理由』をはじめ、僕のお客様にはスタンダードになっている歌へのリクエストが増えます。

その理由を深く考えていくと、ポール・サイモンに言われた言葉が思い出されました。

「ＭＡＳＡＳＨＩ。音楽は過去に向かって進行しているんだよ」という言葉。

ああ、その通りだなって感じたのです。

「音楽は〝生み出された瞬間〟こそが真の音楽であって、それを生んだときの感動をお客様に共有してほしくてライブを行うのは〝再現藝術〟なんだよ」と。

「つまり常に音楽は自分が生まれたときに向かって進む、つまり過去に向かうんだよ」と。

その力が強烈であればあるほど、その曲はスタンダードとなっていくということです。

僕らミュージシャンは未来に向かって歌っているけれど、自然に「歌」そのものは過去に向かっているというわけです。

コロナの感染流行により、期せずして思い出されたポール・サイモンとの忘れられないエピソード。余談になりますが、この場を借りて紹介しましょう。

♪ 79年夏、ポール・サイモンと

アメリカのシンガーソングライター、ポール・サイモン。

僕の音楽の雛形は加山雄三《かやまゆうぞう》さんとポール・サイモンです。憧れの、憧れの人なのです。

アート・ガーファンクルとのデュオ「サイモン&ガーファンクル」で一世を風靡《ふうび》した偉大なミュージシャンです。

賛美歌にもなった『明日に架ける橋』は代表曲。『コンドルは飛んで行く』は未だに破られないヒットチャート連続第1位という記録を持っています。

僕がソロになった2枚目と3枚目のアルバムをジミー・ハスケルさんとロサンゼルスで作った理由は、彼が編曲した名曲『明日に架ける橋』や、サイモン&ガーファンクルの代表作のひとつである、アルバム『ブックエンド』に収められた『オールド・フレンズ』に憧れたからです。

ジミーさんはグラミー賞の編曲賞を３度も受賞している巨匠です。

ポール・サイモンはデュオを解散した後も、ソロ歌手としても偉大な名曲を残しています。

その憧れのポール・サイモンのインタビューが雑誌『プレイボーイ』に掲載され、日本語に訳された文章を僕が読んだのは、『関白宣言』をリリースする直前の１９７９年の春過ぎのことでした。

そのインタビューに僕は愕然《がくぜん》としました。ポール・サイモンのインタビューの小見出しに「たかが音楽、いつでもやめられる」と書いてあったのです。

衝撃でした。

どうして「たかが」なんて言うんだろう。

僕をはじめ、ポール・サイモンに憧れて音楽を一生懸命やっている人間もいるのに、「たかが音楽」とは、どういう言葉なんだ。

真意を問いただしたい。

ポール・サイモンは移籍して、ワーナーミュージック所属のアーティストになった頃。

僕は前の年に個人レーベル「フリーフライトレコード」を立ち上げ、レコードはワーナー・パイオニア（現ワーナーミュージック・ジャパン）から出していました。「同じワーナー所属」という、ポール・サイモンとの接点があったのです。

そこで、ワーナー・パイオニアの偉い人に、半ば冗談交じりに「ポール・サイモンに聞きたいことがある。会わせてくれませんか」と言ったところ、彼は直ちにアメリカのワーナーの副社長ネスティ・アーディガン氏に電話を入れてくれました。彼は当時サッカーチーム「ニューヨーク・コスモス」のオーナーでもありました。

「ポールは、ニューヨークに来てくれるなら会うと言っている。ただ、彼は今は映画の製作中なので20分くらいで良ければ」

それが副社長の「答え」でした。

あまりの感激な返事に驚いた僕は「5分で済むから」と、ポールとの面会をお願いしました。

この頃僕には『雨やどり』や『秋桜《コスモス》』、また『天までとどけ』『関白宣言』などのヒット曲があり、「日本を代表する歌手の一人」というワーナーの評価でしたので、アメリカ本社にもよく知られていたので大切にしてくれたのです。

僕はこの夏、まさに『関白宣言』が大ヒットしている最中に、ポール・サイモンに会うため、ニューヨークへ出かけました。

通されたマンハッタンのワーナーミュージックの副社長室。やたらと広い部屋でした。

約束よりも早く行ってポール・サイモンを待ちました。緊張していると、ポール・サイモンが部屋に入ってきました。茄子《なす》紺《こん》のＴシャツに、ジーンズ。ニューヨーク・ヤンキースの帽子をかぶって、「ハイ」と気さくに声をかけてくる。

背丈は僕とそう変わらないという印象です。

僕はポール・サイモンに、当時日本でも革命的な新製品だったＳＯＮＹのステレオウォークマンを差し出しました。

日本でもなかなか手に入らないものでしたので、ポール・サイモンへのお土産として奮発し、日本から持ってきたのです。

「こうやって使うんですよ」と説明したら、イヤホンをつけ、目を丸くして感動し「アメージング。これは素晴らしい。本当に嬉しいよ、ありがとう」と喜んでくれました。

軽く挨拶を済ませると、ワーナーの副社長が「彼は日本のトップシンガーの一人なんですよ」と紹介してくれた。

「そうなんだ。君の曲、聞いてみたいな。レコードはないの?」とポール・サイモン。

「あります。時間があるときに聞いて下さい」と持参した『夢供養』というアルバムを手渡しました。

ポール・サイモンはその場で包み紙を開き、レコード盤を取り出し「今、聞きたいね」と言い、副社長の秘書さんに「ちょっと、これ、かけて」と渡しました。

曲が流れ出し、ポールはレコードのA面を一緒に聞いてくれました。少し冷や汗が出ました。

「ギターの弾き方、いいね。僕に似てるかな？」と、ポール・サイモン。

「当たり前でしょ」って、心のなかで呟きました。

その時、僕は近くの楽器店で見つけて思わず買ったMartinのOOO《トリプルオー》−18型ギターを持っていました。値段も安かったんです。

ポールは僕の足下に置いたギターケースに目を留め、「それ君の？」と聞きました。

「はい、いまその近くで買ったばかりのオールド・ギターです」とケースから出しました。

見た目が個性的で、ボトルネック奏法を楽にするためでしょう、フレットの間を弓形に削ってあるものでした。

ポール・サイモンはそのギターを手に取ると、軽くチューニングしながら、親切に「このフレットの削り方はね、シェルカットっていうんだよ」と教えてくれました。

それから軽くイントロだけですが弾いてくれた。

『アンジー』という彼の名曲のイントロです。

感動して肌が粟立《あわだ》ちました。

感激した僕は思わず「ギターにサインして下さい」と頭を下げました。ポールは快く応じてくれました。

79/7/25　NY
To Masashi.
Welcome to New York.
I am very pleased to meet you.
日本語に訳すと、「79年7月25日、ニューヨークにて。まさし、ニューヨークへようこそ。あなたにお目にかかれて光栄です」。

一生の宝物です。40年以上経って、文字が褪《あ》せて、消えかかっていますが、絶対に手放せない僕の宝物。

ポール・サイモンはサインを終えて、ギターを僕に手渡すときに、もう一度、「これ、シェルカット、多分持ち主が自分で削ったものだね」と教えてくれました。

♪ 音楽は生まれた瞬間に死ぬ

サインをもらって、夢見心地な僕に、ポール・サイモンは「ところで、何の用だったっけ」と切り出しました。そう、聞きたいことがあって、やって来たのです。

「ポール、あなたはプレイボーイ誌のインタビューで、『たかが音楽、いつでもやめられる』と答えています。それは、どういう意味なのでしょうか」

「ああ、そうか。言葉の言い回しだから、翻訳が正しいかどうかわからないが」と前置きした上で話し出しました、以下はあくまで僕の意訳です。

「たかが、というのは多分謙遜してそう言ったのだろう。だが、いいかいＭＡＳＡＳＨＩ。音楽というものは、生まれた瞬間こそが芸術なんだ。生まれた瞬間の喜びというものを、君もうたづくりをするなら知っているだろう。だが、生まれた瞬間に音楽は死ぬ。つまり生まれた瞬間の喜びが、音楽の最大の喜びなんだ。では、我々ミュージシャンは、何のためにライブをやっているのか。それは歌が生まれた瞬間のあの感動を誰かに共有して欲しいからだ。音楽は生まれたところへ向かって進んでいる。つまり過去に向かって動いていくものだ。だから、あの発言は、いつでもミュージシャンをやめられる、なんて単純な意味ではないんだよ」

　これは、とてもよく理解出来ました。

　ポール・サイモンとはワーナーの副社長室でお茶を飲みながら、結局１時間半くらい一緒に過ごしました。

帰る際に、「どこに泊まっているの？」と聞かれ、ホテルの名前を告げると、ポール・サイモンは「僕の帰り道だから送ってあげる」と言ってくれました。

弟と僕と、だだっ広いリムジンに3人向かい合って座りました。

ガチガチになって緊張し、黙りこくっていると、ポール・サイモンが「もう話すことはないかい？」と聞きました。

「一杯ありますが、ひとつ質問していいですか？」

「勿論」

「アーティ（アート・ガーファンクル）と一緒に、活動をすることは、もう、ないんですか？」

サイモン＆ガーファンクルは、１９７０年、音楽に対する意見の違いで解散しました。その後は、ポール・サイモン、アート・ガーファンクルともに、ソロアーティストとして活動をしています。

でも、僕はサイモン＆ガーファンクルとしての姿が見たい。再結成をずっと夢見ていたのでした。

ポール・サイモンは僕の質問を受けて、しばらく考えてから、こう言った。

「…Never…（決してないよ）」と。

ああ、もうサイモン&ガーファンクルは永遠に聞くことが出来ないんだ。少し寂しかった。

親切で温かなポールはホテルまで送ってくれて、ニューヨークを楽しんでね、と言って握手をしてくれました。

もっとも彼は僕の事なんて憶えていないだろうけど。でも僕がその後25周年記念アルバムを作っているときに実はポールに作曲を依頼したことがあります。

「残念ながら今はとてもちゃんと書くだけの時間などないから書いてあげることは出来ないんだけど、もしも僕の曲の中で気に入った曲があれば綺麗な日本語で歌詞を付けて歌ってくれて構わないよ」という返事がありました。

「たとえば『明日に架ける橋』とか、『ミセス・ロビンソン』とかどう？」って言われました。

そりゃあんまり畏れ多いというので『ワン・トリック・ポニー』の中に入っ

ていた僕の好きな曲『jonah』に勝手な詞を付けて歌わせて頂きました。

僕がポール・サイモンのもとを訪ねた翌々年の１９８１年、サイモン&ガーファンクルはニューヨークのセントラル・パークで再結成チャリティコンサートを開き、53万人もの観客を動員。世界ツアーも行い、日本にもやって来ました。

勿論、僕は後楽園球場に聞きに行きました。ポール・サイモンの姿を眺めながら、僕は小さな声で「嘘つき」って呟きました（笑）。Never.って言ったじゃないですか、って。


話が長くなりましたが、ポール・サイモンの言うように、確かに音楽は「過去に向かって進行している」と考えることが出来ます。

何故なら歌は自ら成長しません。歌が成長するというのは人気が出るとか歌ってくれる人が増える、ということなのでしょうが、決して歌自らがメロディを成長させたり歌詞を進化させることはありません。

生まれた瞬間にすべての責任があります。

生まれた瞬間にその歌に対する僕の仕事は「終了」するわけです。

僕は、ポール・サイモンの言うとおりに、まさに歌が生まれたときの喜びを多くの人と共有したいからコンサートを開催するし、瞬間的な喜びを得るために曲作りやアルバム作りにも精を出すのです。

その中から、「コロナの中だからこそ聞きたい」などと、長く聞いていただける歌があるということは「うたづくり」冥利に尽きることなのです。

神様が示してくれたサイン

僕は東日本大震災のときに、「音楽は無力ではないんだ。微力だけれど、ゼロではない」と実感しました。今もその思いに変わりはありません。

だから、歌を作り続けるのです。

音楽家ではなく、一人の個人のさだまさしが、コロナ禍に感じたことです。

新型コロナウイルスの感染が拡大するにつれ、僕は神様について考えるようになりました。皆さんが神様についてどのように感じておられるのかはわかりませんが、神様は存在する、と僕は感じています。

日本の神様は諸外国の神様と違って人前で奇跡を起こしてみせることはありませんので、冷たい見方をすれば「居るか居ないかわからない」存在です。しかしその居るか居ないかわからない神様に手を合わせ、己と向かい合い、心で対話をするという独特の信仰態度は、実に奥ゆかしく、誠に日本人の美しいところだと考えます。

そこで考えるのです。

日本人は神々は必ずしも私たちの味方とは限らないという「畏れ」を感じていました。

時として神は災いなのです。

１３００年の以上の昔からある「大祓詞」にある「高津神の災ひ」「高津鳥

の災ひ」など既にインフルエンザのことですね。

鬼に関しても折口信夫《おりくちしのぶ》博士は、鬼の「お」は「大」、「に」は「神」の文字を宛てておられます。

鬼は神々の一人であるということですね。

さて神々は新型コロナウイルスを使って、僕ら人間にどのようなサインを出しているのだろうかと考えます。実はそのサインの向こう側に見えたもののひとつが、僕が40年以上前に出会った青空でした。

１９７７年、僕は巨匠ジミー・ハスケルさんと行ったレコーディングのために１か月ほど、アメリカのロサンゼルスで暮らしました。その頃のロサンゼルスは、今とは全く風景も人々も違います。夜も安全で、僕は夜中に思い立つと、一人でホテルから車を運転してダウンタウンに行き、ご飯を食べて帰りました。今はアメリカでは見かけることのないコカ・コーラの自販機がそこら中に立っていました。

自動車による渋滞もない、アメリカ西部の田舎町で、ロスの市内からオレンジ郡アナハイムにあるディズニーランドまで、片道40分もかからずに行くことが出来ました。

カリフォルニアの青い空は、いつも美しく僕に夢を与えてくれました。

それから5年後、10年後。訪れるたびにカリフォルニアの空は濁っていきました。

一番近いところでは２０１８年でしたが、どんよりと曇った空を見上げて「あの青い空はどこへ行ってしまったんだろう」と寂しく感じました。

それが、今年、緊急事態宣言期間中にテレビのニュースを見て驚きました。

「カリフォルニアに青い空が戻った」のです。

人が動かずに家にいて、自動車が排気ガスを出さない。それだけで、空はこんなに美しさを取り戻すのです。

カリフォルニアだけではありません。インドの北部パンジャブ州ではこれまでかすんでいたヒマラヤ山脈がはっきりと見えたといいますし、大気汚染がひどかった北京にも、『長江』撮影の頃の、まさに僕の青春時代の青空が戻っていました。

　これは、神様が示してくれたサインのひとつです。

　人や自動車の動きを止めたままでは、現代人の生活は成り立たないでしょう。

　でも、地球が望んでいるものについて、僕たちが目指すものが本当は何なのかをもっと深く考えなければいけない、と思いました。

コロッケって、偉いなあ

　コロナ禍や豪雨災害など、人生を左右するような一大事が起きたときは、その人その人の本質が表に出てくるものです。2020年は、人の心がよく見えた一年でした。記憶に残る出来事をいくつか紹介します。

　8月7日に長崎の稲佐《いなさ》山《やま》公園で『被爆75周年　長崎から世界へ平和を　稲佐山音楽祭2020』というイベントが開催されました。

　僕とコロッケさん、湘南乃風《しょうなんのかぜ》の若旦那・新羅《にら》慎二《しんじ》君の3人が司会を担当。

このライブは無観客で行われましたので、３人であれこれトークしながら、事前に収録した夏川りみさん、元《はじめ》ちとせさん、ももいろクローバーZ、森山良《もりやまりよう》子《こ》さん、山崎まさよしさん、平山カンタロウさんのライブ映像を流しました。ＢＳテレ東で生放送したから、見て下さった方もいらっしゃるでしょう。

稲佐山音楽祭は３時間くらいで終わって、普段なら「打ち上げをやろう、みんなで飲みに行こうぜ」というムードになります。現場にはスポンサーの方々もいて、一緒に飲みたそうでした。

ここで、コロッケさんが胸に染みることを言いました。

「僕らの仕事っていうのは、このイベントの中だけで終わるものではないのです。このコロナの騒ぎの中、仕事の打ち上げといえども、無防備に沢山の仲間で酒を飲んでいる姿を一般の方に見られることは控えるべきです。我々目立つものには、そこまでの責任がある」

コロッケさんとはもう古い付き合いですが、改めて彼は素晴らしいと思いました。

苦労してきた人ですから、人前に出る僕らにはいわゆる一般の方とは違う制約があり、プライベートでの行動にも責任がともなうということを身に染みて知っているのです。

僕はコロッケさんの考え方に同感です。勿論この日の打ち上げはしません。春から飲み会はリモート飲み会に替え、大好きなゴルフもずっと我慢していました。

人前に出る機会が多く、いつどこで誰に見られるかわからない僕たちは率先して、新型コロナに対する態度を示す責任があるのです。

コロちゃん、それにしてもすごいなあ。スポンサーの人にも遠慮することなく「今日は飲みはやめましょう」と、釘を刺しました。

♪ 人の輪は繋がる

風に立つライオン基金がふんわりチャンポン大作戦を立ち上げ、支援活動が少しずつ軌道に乗ってきた頃の話。徐々に募金額が増え、僕らは勇気をいただいて、やる気ムードが高まり、備蓄に必要な医療物資を買えるものなら「買っちゃえ」と士気が上がりました。

鎌田先生も昨年よりもずっと多い募金を目の当たりにして、「まさしさん、神様はいるんだよ。神様はどこかにいるんだねえ」と感激しました。

この際、なくなる前にと、医療物資をあれこれと注文出来たのです。でも、今度は困ったことになりました。次々に送られてくる物資。風に立つライオン基金の事務所は手狭で、一時的に保管しておくスペースが足りません。その時に力を貸してくれたのが、千葉県のローカル鉄道会社「いすみ鉄道」でした。いすみ鉄道の古竹孝一社長は我が「風に立つライオン基金」の理事長でもあります。

「僕の責任で僕が借りますから、我が社の倉庫を使いましょう」と言ってくれた。

「本当に貸してくれるんですか？」

「世の中のためです。社長の僕の責任です。大丈夫ですよ」

こうしたやり取りの末、医療物資は一時的にいすみ鉄道の倉庫に保管されることになりました。

「そのかわり、まさしさん。今度いすみ鉄道に歌いに来て下さいよ」

笑いながら古竹理事長が言います。

「わかりました。必ず行きます。泉谷しげるさんと二人で恐喝に行きます」

残念ながらまだその約束は果たされていませんが、ありがたいことに、困ったら誰かが救いに現れる。こうして人の輪は繋がっていきます。

高校生ボランティア

風に立つライオン基金では、２０１６年に「高校生ボランティア・アワード」を創設しました。全国の高校生が日頃から行っている「ささやかで偉大な活動」を応援するプロジェクトです。日々地道なボランティア活動を行う高校生の活躍を少しでも多くの人に知ってもらいたいと思い、活動の発表・交流の場として、アワードを設けました。

アワードを設けた成果は、確実に表れています。若い世代のボランティア精神や活動がどんどん膨らんでいるし、新しい繋がりも生まれています。学校単位で始まった活動が、小さな枠を超えてほかの学校へ繋がり、やがて地域へと広がっていく。若い人のパワーとネットワークに驚かされます。

２０１８年の西日本豪雨災害でのことです。岡山県総社《そうじゃ》市の高校１年生の女子生徒が、片岡聡一《かたおかそういち》市長に宛ててツイートしました。

「私たち高校生に何か出来ることはありませんか？」

片岡市長が１分後に返信しました。

「総社市役所へ手伝いに来て下さい」

返事を受け取った女子生徒はＳＮＳを使って市長のメッセージを拡散。

翌朝、総社市役所にはなんと１０００人の中学・高校生が集まりました。

（SNSって正しくはこういう風に使うものなんだなあ）感動的なことが起こったのです。

風に立つライオン基金の当時の副理事長藤村尚道は、片岡市長宛の僕の親書を抱いてすぐに総社市に駆け付け、高校生の彼女を中心に活動を支援。総社市の泥かきは高校生が始めたのです。

また、高校生たちが全国から届いた支援物資を、飲料水、食料品、衣類、家庭用品などとジャンルごとに仕分けし、市役所の車庫にフリーマーケットのように並べ、欲しいものを取りに来る被災者に手際よく手渡しています。

さらに高校生たちは災害の片づけや家の建て直しに忙しい親たちに代わって、公民館に被災者の子どもたちを集め、遊んだり、勉強を見てあげる、「みんなのライオンカフェ」を開設。

勿論僕らが支援させていただきました。

こうして高校生たちは、地域の住人たちが情報を交換出来る場まで作り上げたのです。

この出来事は風に立つライオン基金が目指す活動のひとつの象徴となり、仲間たちは彼らの活動を『総社モデル』と呼んでいます。

２０１９年の高校生ボランティア・アワードはパシフィコ横浜で行われたのですが、僕は総社市の高校生リーダーを招待し、全国の高校生に向けて「高校生の力」を発信してもらいました。

とても大きな感動をもって彼らの言葉は全国の高校生たちに染み渡りました。

「高校生ボランティア・アワード」ではボランティア活動をしている全国の高校およそ３０００校の中から１００校を招待し、彼らの活動を紹介します。

会場には開催第１回から、ももいろクローバーＺや、若旦那こと湘南乃風の新羅慎二君、テツａｎｄトモらが駆けつけてくれます。

一般見学者も増える一方です。

２０２０年、５回目を迎えた高校生ボランティア・アワードは、残念ながらコロナ禍の中で、皆さんの安全を考慮してＷＥＢでの開催になりました。

学校での授業も行えない中、果たして参加校が集まるのだろうか、とスタッフ一同心配しましたが、予想以上のエントリーがありました。開催のための、クラウドファンディングでの資金調達も試みました。あっという間に、目標金額500万円に到達。

〝ボランティア高校生の甲子園〟を「WEB開催」ではありますが、今年も開催することが出来て、感激しています。

ももクロちゃんたちも新羅慎二君もテツandトモの二人もWEBで参加してくれました。

高校生には日本を変える力がある。僕は本当にそう信じています。

♪ コロナでも、ただでは起きない！

コロナウイルスは、人の繋がりを断ち切りました。

本来は「大好きだから側にいよう」を我慢して、「大好きだからこそ、会わないでおこう」。

そんな奇妙な心がけが正解だと考えられました。

だが、会えなくても、人は繋がることが出来ます。実はこの、見えない人同士の繋がりこそが、コロナウイルスに立ち向かうひとつの手段なのです。

人によって、考え方は違います。ですから、無理にボランティア活動をお願いするのは間違いです。我々は強引にボランティア、或いはご協力をお願いすることは、決してしません。

「やれる人、手伝って～」という、やわらかくふんわりとしたノリで、活動していきたいと思っています。それが「ふんわりチャンポン大作戦」の心です。

「ふんわりチャンポン大作戦」は「風の団」に加わってくれた奥知久先生とジャパンハート事務局の杉山智哉さんと看護師の野田実里さんが先陣を切ってくれました。

その後、ジャパンハートの森徳郎《もりとくろう》先生、大江《おおえ》将史《まさし》先生、大江先生の奥様で看護師の大江《おおえ》玲《れい》さん、小林友恵《こばやしともえ》さん、宮田《みやた》理香《りか》さんらが加わって下さり、これに福島県立医科大学　会津医療センターの奥会津在宅医療センターに所属する鎌田一宏《かずひろ》先生（鎌田實先生と区別するためにあだ名は鎌田B・笑）、斉藤《さいとう》有佳《ゆうか》先生、看護師の柏木《かしわぎ》久美子《くみこ》さん、今野《こんの》一美《かずみ》さんが加わって下さり、かなり強力なグループになりました。

ふんわりとしたノリでスタートしましたが、お陰で我が「風に立つライオン基金」の「風の団・専門団」に所属して下さっている医師や看護師が初めて動き出すチャンスを与えてくれました。

中でも財団設立当初から「風の団」に所属して下さっていた、大分・諏訪の杜病院の院長、武居《たけい》光雄《みつお》先生の活躍は凄まじいものでした。武居先生はコロナ禍以前は毎月ケニアへ行き、巡回診療を行っている我らが「偉大なライオン」の一人です。

コロナ禍で秋まで渡航が出来ずに悔しい時間を過ごされていましたが、10月からまたケニアに飛んでいって診療を再開、なんとやがてケニアでも「ふんわりチャンポン大作戦」を敢行し、ＷＥＢで僕たちとも繋げて下さいました。

そういう方ですから「九州は僕にまかせて下さい！」と「ふんわりチャンポ

ン大作戦」で、北九州から大分、広島まで飛んで歩いてくださっているのです。

　こうして、ふんわりチャンポン大作戦は予想以上に多くの人が賛同してくれ、活動は全国各地へと広がっていきました。メンバーには医師や看護師がいれば、介護の専門家もいます。

　医療のプロではないタレントさんや、カーコンビニ倶楽部の社長など、畑違いの人も巻き込んで、活動の幅は広がっていくのです。

　だがふんわりチャンポン大作戦が力を発揮出来るのは、それだけではないと気づきました。豪雨災害による被災地などでも、僕たちのネットワークは役に立てるはずです。

　その繋がりもあったから、現地へ物資を送る、医師を派遣するなどの支援を続けられました。

　勿論新型コロナウイルス感染への脅威は、まだ終わったわけではありません。２０２１年１月現在、第３波に呑み込まれてしまい、一部の都府県で再び緊急事態宣言が発出されました。

だが、医学の歴史をみれば近年では、ひとつの病気に対する治療薬が早ければ発生以後18か月ほどで対応出来ています。ですから、２０２０年の3月から計算すれば、18か月後の21年秋には薬が完成しているのではないかと願っています。

これは祈りに近い希望にすぎません。

「絶対」はあり得ませんが、一人一人が感染しないための努力を続けることが重要です。

まずは会食の際の注意、そしてマスク、手洗い、消毒、換気、です。

専門家が発する正しい情報を参考に、予防に努めて下さい。

コロナ騒ぎのなか、風に立つライオン基金はYouTube上に「風に立つライオン放送局」を開設しました。

僕が風に立つライオン基金の活動を始めるに至った経緯や、コロナ予防法をテーマにした鎌田實先生と僕の対談、ふんわりチャンポン大作戦の具体的な報告など、一回10分ほどの誰にも役立つ番組がアップロードされています。勿論アーカイブもありますから遡って第1回からご覧いただけます。

8月10日に放送を開始したばかりで、まだ満足いただける内容ではないかもしれません。でも、まずは医療機関と福祉施設とを繋ぐためのプラットフォームとして、継続していくことが重要でしょう。

コロナ感染症を乗り越えることが出来たら、風に立つライオン基金の支援を受けて、海外の途上国で頑張っている人たちの活動を紹介していきたいと思っています。

コロナを乗り越えて、もっといい社会を、医療と福祉とを繋いで安全安心の地域を広げていく小さな糸になることが我が財団の願いです。

このコロナ禍の中、財団のために頑張っていますが、僕の大切な仕事は音楽ですので、もっともっといい音楽を求め、自分を育てながら、精一杯生きていきます。

今年沢山の人に聴いていただいた歌です。

『いのちの理由』さだまさし

私が生まれてきた訳は
父と母とに出会うため
私が生まれてきた訳は
きょうだいたちに出会うため
私が生まれてきた訳は
友達みんなに出会うため
私が生まれてきた訳は
愛しいあなたに出会うため

春来れば　花自ずから咲くように
秋来れば　葉は自ずから散るように

しあわせになるために　誰もが生まれてきたんだよ
悲しみの花の後からは　喜びの実が実るように

私が生まれてきた訳は
何処かの誰かを傷つけて
私が生まれてきた訳は
何処かの誰かに傷ついて
私が生まれてきた訳は
何処かの誰かに救われて
私が生まれてきた訳は
何処かの誰かを救うため

夜が来て　闇自ずから染みるよう
朝が来て　光自ずから照らすよう

しあわせになるために　誰もが生まれてきたんだよ
悲しみの海の向こうから　喜びが満ちて来るように

私が生まれてきた訳は
愛しいあなたに出会うため
私が生まれてきた訳は
愛しいあなたを護るため

第2部

風に立つライオンとさだまさし

♪ すべてはここから始まった

楽曲『風に立つライオン』が世の中に出たのは、バブル景気真っ只中の１９８７年のことです。

『風に立つライオン』さだまさし

突然の手紙には驚いたけど嬉しかった
何より君が僕を怨んでいなかったということが
これから此処で過ごす僕の毎日の大切な
よりどころになります
ありがとう　ありがとう

ナイロビで迎える三度目の四月が来て今更
千鳥ヶ渕で昔君と見た夜桜が恋しくて
故郷《ふるさと》ではなく東京の桜が恋しいということが
自分でもおかしい位です　おかしい位です

三年の間あちらこちらを廻り
その感動を君と分けたいと思ったことが沢山ありました

ビクトリア湖の朝焼け
１００万羽のフラミンゴが
一斉に翔び発つ時　暗くなる空や
キリマンジャロの白い雪　草原の象のシルエット
何より僕の患者たちの　瞳の美しさ

この偉大な自然の中で病と向かい合えば
神様について　ヒトについて　考えるものですね
やはり僕たちの国は残念だけれど何か
大切な処で道を間違えたようですね

去年のクリスマスは国境近くの村で過ごしました
こんな処にもサンタクロースはやって来ます
去年は僕でした
闇の中ではじける彼等の祈りと激しいリズム
南十字星　満天の星　そして天の川

診療所に集まる人々は病気だけれど
少なくとも心は僕より健康なのですよ
僕はやはり来てよかったと思っています

辛くないと言えば嘘になるけど　しあわせです
あなたや日本を捨てた訳ではなく
僕は「現在《いま》」を生きることに思い上がりたくないのです

空を切り裂いて落下する滝のように
僕はよどみない生命《いのち》を生きたい
キリマンジャロの白い雪　それを支える紺碧の空
僕は風に向かって立つライオンでありたい

くれぐれも皆さんによろしく伝えて下さい
最后になりましたが　あなたの幸福《しあわせ》を
心から遠くから　いつも祈っています

おめでとう　さよなら

「この歌が大好きなんです。この歌をベースにした映画を作りたいんです」

『風に立つライオン』を俳優の大沢《おおさわ》たかおさんが、とても気に入ってくれました。

しかし、歌1曲では、なかなか映画にするのは大変です。それでも彼は思いきって何人かの脚本家に頼み、映画用のプロット（あらすじ）を書いてもらいましたが、なかなか彼の期待に応える内容にはならなかったそうです。

それで「ここはやはり歌の作り手であるさだまさしに、原作となる小説を書いてもらおう」と思ったようです。

大沢さんは僕の『眉山』という小説の映画化に当たって、主人公の恋人の医師を演じてくれたご縁があります。

それがきっかけで、僕のファンクラブのコンサートのトークゲストに来て下さったのですが、その時急に大沢さんから「原作小説を書いてほしい」と言われました。

「わかりました。書きましょう！」

勢いもあって、コンサートで僕は簡単にそうお答えしました。

自分の書いた歌を元に同じテーマの小説を書くことは、さして難しいことではありませんが、それが「映画の原作になる」というのは責任が重いですね。

なにしろ大沢さんの『風に立つライオン愛』はとても熱く、アフリカを歩くドキュメンタリー番組を積極的に引き受け、番組スタッフ全員に「この心を伝えたいんだ」と、僕の歌う『風に立つライオン』を何度も聞かせてしまうほどだったのです。

この歌がベースで、しかも映画にする、となれば、脚本の専門家ですら捉えきれないような厄介なテーマだということです。

そのコンサートから2年後に、たまたま大沢さんと食事をする機会があったとき、僕はとうとう叱られてしまいました。

「さださん、本当に書く気はあるんですか！」

思わず僕は「勿論。今ちょうど書いてるところ」と嘘を言いましたが、「またぁ、ちっとも書いてないじゃないですか」と一緒にいた幻冬舎の舘《たての》野君に突っ込まれて嘘がバレました。

いえ、決して書く気が無かったのではなく、実際にアフリカで頑張る医師の姿を描くためには必要な勉強があります。

たとえば最低限、三大奇病と言われる「マラリア」「フィラリア」「住血吸虫病」が理解できる程度の知識が必要です。

一度もケニアに行ったことのない僕にとって、まず地図を読むことから始まります。首都のナイロビ、物語に設定した１９８０年代、長崎大学熱帯医学研究所があったナクールのこと、主人公の主な仕事場になる場所の設定など、書き始めるには準備するだけでも大変なデータが必要です。

ケニアの風土病や、僕が勝手に物語として決めた１９８７年に遡った交通事情や世界情勢、それにケニアの国内情勢などの資料が必要だったのです。その資料集めや三大奇病を知解するための勉強がまことに大変でした。

結局、小説は大沢さんに提案されてから都合5年がかりで書き上げました。

主人公は長崎大学の医師、という設定です。長崎大学は日本国内の風土病「住血吸虫病」が根絶できた時期（詳しい事情は小説をお読み下さい）に、研究の場を「風土病に苦しむ地域」に移して学問を進めるため、１９６０年代、当時の学長片峰《かたみね》大助《だいすけ》先生の発案でケニアに日本で唯一の「熱帯医学研究所」を設立。その活動は水産・土木工学にもおよび、現在もケニアでさまざまな支援・研究活動を行っています。

小説はケニアと南スーダンの国境に近いロキチョキオという町に設立された野戦病院で頑張る主人公の姿を、さまざまなエピソードと共に描いたものです。

こうしてようやく小説『風に立つライオン』は２０１３年7月18日に刊行され、直ちに映画化の話が動き始めたのでした。

そしてこの映画は様々な、不思議なご縁に満ちていました。

まず三《み》池《いけ》崇史《たかし》監督の崇高な視線です。ケニアで撮影したにもかかわらず映画の中に出てくる動物は山羊だけでした。シマウマや象やキリンやライオンですら一度も映ることはありませんでした。

「ケニアの観光映画を撮ってるんじゃねえ。ここで命懸けで頑張った医者を描いてるんだ」という心意気が伝わってきました。

ドキュメンタリーを見た後のような説得力でしたね。

監督は「ンドゥング」という名前の主人公の少年をケニアの貧民街に住む少年から選びました。

そして映画の冒頭シーン、石巻の瓦礫の中で少年に声をかける「成長したンドゥング」を演じてくれた人は日本在住のケニア人で、なんとかつて、小説に出てきたロキチョキオの赤十字野戦病院へ医療物資を運んでいたパイロットだったのです。これは後で知った奇跡的な偶然でした。

僕にとって一生忘れられない素晴らしい映画になりました。

♪ さだまさし、ケニアへ行く

映画の撮影は翌2014年の11月に始まりました。

長崎ロケからスタートし、その後、キャストとスタッフはアフリカのケニアに渡りました。

当初、アフリカの中では治安がいい南アフリカでロケを行うことも考えられましたが、三池崇史監督の「冒険しない映画はつまらない」という一言が、小説の舞台であるケニアでの撮影を選択する決め手になりました。

チーム全員が予防接種を受けて出発。ナイロビでも郊外のロケ地でも治安上、安全確保のため、宿泊するホテルから撮影現場までスタッフやキャストには護衛がつきます。

また設定上、小道具として使われる医療器具は1980年代のものを選びました。映画に出てくる車も、当時の古い車種を探し出し、修理して動くようにしています。

過酷でいて、楽しい、冒険のようなケニアロケに、同行させていただきました。

ケニアロケに同行させていただいたお陰で、素晴らしいことがありました。小児科医・公文《くもん》和子《かずこ》先生との出会いです。『風に立つライオン』の現場には、ＮＨＫの取材クルーも同行しました。ケニアでの撮影の様子を追いかけたドキュメンタリー番組を制作するためです。そのＮＨＫのスタッフから、「ケニアで頑張る日本人女性の小児科医がいる」と聞きました。是非お会いしたいと思い、彼女がいる施設へ会いに行きました。

「その女性は、キベラという世界最大のスラム街にも平気で入っていくんですよ」と聞いていましたから肝の据わった逞しい女性を想像していましたが、お会いしてみたらイメージとは全く違います。

とても小柄で、日本的な笑顔の素敵な方でした。

♪ ケニアの女性小児科医・公文先生

公文先生に聞いてみたいことが、山のようにあります。話が進んでいくうちに、彼女の人生に引き込まれていきました。

――公文先生はどうして海外へ行こうと思ったのですか。

「北海道大学の医学部に入学したときは、海外で働くことを考えていたわけではありません。でも、医師になる頃には、考え方が大きく変わっていました。教育関係のＮＧＯで海外に行った経験が大きいですね。それと私、卒業旅行がバングラデシュだったんです。一人旅でした」

――小児科医を選んだのも、その頃ですか？

「ええ。バングラデシュに行ったときに出会った子どもたちの目です。当時バングラデシュの医療は遅れていて、多くの子どもたちが病気に苦しんでいる。小児科の医師になったら、そうした子どもたちのために出来ることがあるんじゃないかって。子どもたちと一緒にいたかったんですよ」

――でも公文先生は、バングラデシュではなく、アフリカのシエラレオネを選びました。

「大学を卒業後、イギリスで熱帯小児医療学を学びました。そこで、『シエラレオネにポジションがあるけど行ってみないか』との申し出を受けました。シエラレオネに関する情報はあまりなくて、それほど大変な国だとは思っていなかったんです」

——何が一番大変だったのですか。

「さださんの小説『風に立つライオン』で、主人公の島田先生はまず最初に心をやられてしまうじゃないですか。あの気持ち、すごくよくわかるんです。私もそうでした。何が出来るかなと期待を胸にアフリカに行き、悲惨な状況で働いたときに、何も出来ないことに耐えられなくなってしまう。まずは自分の気持ちを殺さないと、仕事が出来ないんです」

——気持ちを殺すとは?

「日本でも小児がんなどで、命を落とす子どもたちがいます。その状況に心を痛めていましたが、シエラレオネでは1日に4、5人が亡くなっていくのです。シエラレオネの人たちと、自分は違う環境なのだと線引きをしないと、やりきれない。でもダメージは大きくて、心と身体を壊してしまいました。マラリアに2回感染し、免疫力が落ち、ラッサ熱の疑いでドイツに搬送されました」

――公文先生はそんな思いをされてもアフリカに戻られた。どこからその気力が湧いてきたのですか。

「しばらくイギリスで過ごしましたが、罪悪感が消えませんでした。『アフリカから逃げ出した』という敗北感のようなものです。イギリスで過ごした後、一旦カンボジアに行きました。シェムリアップというアンコールワット近くの町。貧しいけれど、心が豊かな町でした。そこで、心と身体が復活していきました」

――そこから、日本に帰ることも出来たのに、再びアフリカを選びましたね。

「そうです。『ＪＩＣＡの仕事でケニアに行ってみる?』と言われて」

――シエラレオネと同様に、ケニアも大変な場所じゃないですか。治安がよくなく、夜は一人で歩けないし。

「そんなことないですよ。食べ物はおいしいし。意外と暑くないし」

――公文先生はケニアの首都ナイロビのクリニックへ赴任します。ナイロビの都市部は安全だと感じますが、ナイロビにある１００万人とも２００万人とも言われる世界最大のスラム街「キベラ」は、僕らは腰が引けます。ＮＨＫの人に聞きましたが、公文先生は「キベラ」にも平気で入っていくそうですね。

「確かにキベラは歩くのが大変です。住めと言われたら、怖くて住めないですね。でも、キベラ以外のスラムは、関係を築けば誰でも入っていくことが出来ますよ。実際に地域保険の仕事をしていたスラムでは、コミュニティといい関係が構築されていました。勿論悪い人はいますけど」

――ケニアの悪い人は、わかりやすく悪い。日本の悪い人は表面的にはわかりにくいですが、ケニアの悪い人はすぐわかりますね。

「そうですね。犯罪が単純なんですよ。貧困で苦しいからお金が欲しいとか」

――まずは、どうして単純な犯罪が起きるのかを考えなければならないと思うんです。『風に立つライオン』の小説を書きながら、こんなことを考えました。元々この地で暮らしていた遊牧民は、物々交換以外の資産は持っていなかった。そこへイギリスがお金という概念を持ち込みました。そのことによって犯罪が発生するようになり、貧富の差も拡大した。イギリスは、それまでここに無かった概念を持ち込んだという責任を考えないといけませんね。

「その通りですね。ケニアは今、過渡期を迎えていると感じます。２００２年に独裁政権が終わり、経済が上向きになりました。ものすごくいいこともあれば、ものすごく悪いこともあります。イギリスが現金収入の価値観を持ち込み、貧富の差が広がりました。ですから、今まで無かったような犯罪が起こるのです。人々の暮らしも大きく変わり、便利なものがどんどん入ってきた。それにともない、今まで見えなかったものが見えるようになってきたんです」

――ケニアは、固定電話を通過せずに、携帯電話に行っちゃった国ですよね。

「便利なものを手に入れられる人たちは、当然のようにそれを使います。でも、そこから落ちこぼれると、今までの暮らしは維持出来ません。物価がどんどん上がり、住みにくくなってしまいますから。貧富の差は拡大していく一方ですね」

♪ 基金設立に向けて

日本に帰ってきてからも、公文先生とのメールでのやり取りは続きました。公文先生は偏見と差別の中で誰からも手を差しのべられずにいる障がい児たちの姿に心を痛め、２０１３年に地元教会の手を借りてケニア初の障がい児支援施設を設立。

２０１４年には、療育支援施設「シロアムの園」を開園しました。でも、現地の物価高騰や円安の影響で、公文先生の組織はピンチを迎えています。施設を縮小せざるを得ない状況だとお聞きしました。

公文先生の活動は、素晴らしい。実は公文先生以外にも世界中の途上国で頑張っている人が沢山存在するのです。

こういう方々をなんとか支援出来ないのか。この思いから生まれたのが「風に立つライオン基金」です。

さだまさし個人で行える活動の限界を知った後ですから、財団法人を作ることでもっと大きな活動が出来るかも知れないと考えたのです。

何故支援活動に財団の設立を選んだのか。

公文先生やこういった施設に、寄付という形でお金を送ることは個人でも可能です。

でも支援する以上、継続的に支援が行えるようなシステムが必要なのです。最近は日本でも海外での慈善事業に取り組む人が増え、嬉しく思っています。僕の仲の良い友人の中に、カンボジアで学校を作っている人が二人もいます。しかし、運営はなかなかうまくいかない。学校を作っても、教育改革を行わなければ、国や地域の人々に根付くというところまでいくのはとても難しいのです。

個人の活動には必ず限界があります。組織として活動を展開し、周囲にも目に見える形で啓発活動を行おうと「風に立つライオン基金」を立ち上げたのです。

♪ 終わっていない、東日本大震災

もうひとつの大きな理由があります。

東日本大震災支援の際の思いも、風に立つライオン基金設立の決意を後押しするきっかけになりました。

2011年に日本を襲った東日本大震災。発生から数年は、支援の輪が広がり、ボランティア活動が盛んに行われました。でも、距離が離れれば温度は下がる、時間が経てば徐々に支援したいという気持ちも薄れていきます。数年も経つと「東日本大震災チャリティ」という言葉そのものに日本人が疲れてしまったのかもしれません。

月日が経つにつれて、物事は忘れられていく。これはある程度仕方がないことです。

勿論、国の責任も大きいと思います。国が大きな予算を組んで復旧、復興作業を行っていますが、決して地元の人が望んだような町づくりになっていないのをひしひしと感じます。

思い通りに進まない現状にため息をつく人は多いのです。

東日本大震災に限った話ではありません。日本は自然災害の多い国で、東日本大震災の後にも、北九州、福知山《ふくちやま》、十津川《とつかわ》、那智勝浦《なちかつうら》、伊豆大島《いずおおしま》など、全国各地で災害が起きました。こうした災害発生時に、最も活きるお金の使い方があるのではないでしょうか。

では、活きるお金の使い方とはどういうものでしょうか。我々はこういうときに募金箱に精一杯の募金をしますね。しかしそのお金がどういう風に使われ、活かされているのかをたどっていくことはなかなか難しいですね。ともすれば「募金をした」ということで自分の責任を全部果たしたような気持ちになることがあります。ところがハッとする出来事がありました。

宮崎県と鹿児島県境に位置する霧島《きりしま》連山の中の新燃岳《しんもえだけ》が大噴火し、災害が起きたのは東日本大震災が起きる2か月前の２０１１年１月でした。

僕はすぐにコンサートホールに募金箱を置いて「新燃岳噴火災害」支援のための募金をお客様にお願いしました。その僅か２か月後にあの東日本大震災が起き、日本中の目は東北に向けられることになりますが、実は僕のコンサートホールの募金箱の「新燃岳噴火災害」支援のための募金額は実に２４０万円を超えていました。

そこで僕はその４月の都城《みやこのじょう》コンサートの際、市役所にうかがい、若い市長さんにこのお金をお手渡ししました。

「これは僕のコンサートのお客様からの募金です」

すると市長は背筋を伸ばしてこう仰ったのです。

「ありがとうございます。とても嬉しいです。実は今おじいちゃん、おばあちゃんたちが避難している体育館は建物が古いため、空調設備がありません。これからまだ続く避難所生活のために、このお金は体育館の空調設備に使わせていただきます」

この言葉は衝撃でした。

そうか、みんなの募金がおじいちゃん、おばあちゃんの暮らす避難所の空調設備になるんだ！

僕は募金して下さった皆さんに「おーい、みんなのお金がじいちゃんばあちゃんたちの避難所の空調設備になるよ！」と伝えたいと思いました。自分のささやかな募金がこんなに目に見える形で、具体的に使われるなんて嬉しいじゃないか、と。

このことも財団を作ろうと思う大きなきっかけになりました。

いつ、いかなる時にも使えるような財源を用意し、いざという時のために備えておく。同時に、公文先生のように世界の片隅で頑張っている人たちの活動を支援していけたら。そのための財団を作る。

こうして映画『風に立つライオン』が公開された年の夏、２０１５年8月10日、「一般財団法人　風に立つライオン基金」を設立しました。

僕自身は自分の作った歌のタイトルからとった「風に立つライオン基金」とは少し面はゆい気がしましたが、仲間たちの熱意に押されて承知しました。

以後、我々の活動に対し、２０１７年7月13日には内閣府より公益認定を受け、現在この財団は「公益財団法人　風に立つライオン基金」として活動しています。

♪ 公文先生と再び

公文先生との出会いをきっかけに思いついた「風に立つライオン基金」。ケニアでの出会いの翌年、公文先生が一時帰国され、再びお会いして話す機会がありました。

――風に立つライオン基金を立ち上げましたが、問題が山積みです。基金の輪をどう広げていくのか。援助が出来るだけの資金がどれだけあるのか。本当に安定した資金を集められるのか。それに、万が一、十分に集められたとしても、勝手にバラまけばいいというわけではないでしょう。だから「うちにも援助してくれ」という要請にすべて応えられるわけでは無い。支援先を見定め、かつ出来るだけ公平に行っていくことが重要です。

「大丈夫ですよ、さださんなら。だって、『風に立つライオン』という歌が世界中に広がったんですから。人の輪を作る作業を、さださんはずっとやってきたじゃないですか」

――『風に立つライオン』は１９８７年に発表しました。僕としては手ごたえのある曲でしたが、反応はさっぱり。ピクリともしませんでした。「僕たちの国は大切な処で道を間違えたようですね」という歌詞が出てきますが、意味がわからないという指摘がありました。いわゆるバブル絶頂の時代だったから、全然伝わらない時代だったんですよ。

「時代の先を行ってしまったんですね。これから風に立つライオン基金では、どのような支援を実施していくのでしょうか」

――まずは公文先生をはじめ、海外で頑張っている人を応援したい。外務省の医務官を退官し、単身スーダンに渡って医療活動を行っている川原尚行《かわはらなおゆき》先生のロシナンテス。フィリピンのミンダナオ島で20年以上孤児院をやっている烏《からす》山逸雄《やまいつお》先生（鳥山先生は２０２０年に逝去されましたが後継者による活動は継続されています）のグループなど（現在は8か国に亘って支援しています）。

海外で頑張っている先生方からハガキをいただくと、明るく前向きな文面なのですが、財政上はカツカツだと知らされます。

「はい。お金がすべてではないですけど、お金はやはり重要なツール。お金がないと、進まないんです」

――ギリギリでやっているところへ、必要最低限のものを届けたいんです。加えて、ある程度まとまった資金があれば、その場を凌ぐだけでなく、施設や教育が出来るようになります。

今、考えているのは「風に立つライオン医師団」の結成です。医師、看護師の皆さんに、会費を支払って医師団に加盟してもらいます。そして、全国各地で災害が起きたら、ボランティアとして風に立つライオン基金から派遣する。そんなシステムを作りたいなと。これが現時点の夢ですね。

「おもしろいシステムですね」

（※この夢は図らずも２０２０年、新型コロナ禍において実現することになりました）

――僕が現地へ行っても、たいして役に立たない。医師や看護師など、確実に役に立てる人に行ってもらいます。旅費や食事代は財団で受け持つから、費用は気にせずに行って下さい。そんな応援の仕方が出来るようにならないかと思っています。そう考えると、「風に立つライオン音楽団」や「風に立つライオン消防団」「風に立つライオンスポーツ団」などの設立も可能なんじゃないかと。どんな分野でも体温のある支援は出来るのです。

♪ みんなで支える

「風に立つライオン医師団」のアイデアは、すぐに形になりました。
現在、風に立つライオン基金は、大きく3つのグループで成り立っています。
『風の団』『風の会』『風に立つライオン・ユース』の3つです。

各グループについて紹介します。

☆『風の団』

自分のキャリアや技術を活かして、社会貢献に努めるグループです。

『風の団』は2つにわかれます。

ひとつは「風に立つライオン専門団」。

医療、看護、介護などの専門資格、何らかの際に、専門技術を必要とする諸活動に従事します。

もうひとつは「風に立つライオン奉仕団」です。被災地では医療、看護、介護のほか、支援の輪を広げるための広報活動や、食事の配布といった仕事も行わなければなりません。

風に立つライオン奉仕団は、出動要請のある支援活動の中で、専門資格を要さない活動に従事します。

☆『風の会』

被災地を支援したい気持ちはあるが、年齢や体調、仕事のスケジュールを考えると難しい。そんな人も多いはずです。風の会は、資金の提供によって支援活動を行います。年会費を収めていただき、そのお金を現地での活動に使います。

☆『風に立つライオン・ユース』

若い世代のボランティア精神を大切にし、育てていきたい。そんな思いから、風に立つライオン・ユースは生まれました。

全国の高等学校で「誰かの役に立つ」ことを委員会や部活動のテーマとしている団体と、その団体に所属する生徒の皆さんが対象。団体に所属していない個人も、やる気さえある人ならば誰でも参加することが出来ます。

若い会員たちがお互いの活動への理解を深め、切磋琢磨していくことが目的です。

活動の発表の場、そして交流の場になるよう、２０１６年に「高校生ボランティア・アワード」を立ち上げました。

♪ 風に立つライオン基金、出動のお話！

２０１５年夏に設立した風に立つライオン基金。始まったときには、海外で頑張る医師や看護師、或いは教育者の皆さんの支援のことばかり考えていましたが、日本は災害国。すぐに活動を開始することになりました。

その中から印象に残っている事例をいくつか紹介します。

①２０１５年10月11日（設立2か月後のこと）
茨城県常総《じょうそう》市
風に立つライオン音楽団初出動

この年の9月、茨城県常総市は鬼怒川の堤防決壊により甚大な被害を受けました。鬼怒川に並行して走る県道は完全に寸断。なんと１５０メートルも水に流されてしまった家屋もあると聞きました。

風に立つライオン基金は常総市役所と連絡を取り、現地に入る日程を調整。そして10月11日、風に立つライオン基金の初出動を迎えました。

現地には、泉谷しげるさんとニッポン放送の垣花正《かきはなただし》アナウンサーが同行してくれました。普段はよくしゃべる３人ですが、惨状を目の当たりにして、みんな言葉を失います。崩れた家屋や陥没した道路が、否応なく目に入ってきます。

現場にいたボランティアの方に話を聞くと、「常時１００人ほどのボランティアが家の片づけを手伝っているが、何しろ手が足りない」と。成る程、こうした情報を広めるのが、僕たちの仕事のひとつなのか、と教わります。

翌日、同行した垣花正アナウンサーがニッポン放送『あなたとハッピー！』の中で、常総市の状況を切々と伝えてくれました。

この時の常総市訪問の大きな目的は、風に立つライオン音楽団による支援コンサートの開催です。

会場は200人以上の被災者が身を寄せている「水海道《みつかいどう》あすなろの里」。暮らし慣れていた自宅を離れての避難所生活は不便が多いでしょうし、将来への不安も大きいはずです。

音楽の力で問題が解決出来るわけではありませんが、一時的にでも元気を出していただきたいと思いました。

支援コンサートの1曲目は『Birthday』。続いて、泉谷しげるさんが吉田《よしだ》拓《たく》郎《ろう》さんの『イメージの詩』を熱唱。

「一番危ない人が来ちゃったけど、泉谷が来るだけでなんだか元気が出るよね。今日は天使と悪魔の二人で歌います」

会場からは拍手と笑いが起きました。

コンサートが進むにつれ、泉谷しげるさんの悪魔度は増していきます。オリジナルナンバーの『おー脳!!』を歌い始め、こうマイクパフォーマンスします。

「さだ！　ギターなんかいらねえから、一緒に踊れ！」

悪魔には逆らえません。一緒に必死に踊りました。

（でも一緒にステージに立っていると、いつの間にか僕が悪魔で泉谷が天使に見えてきます。これがいいんですね）

コンサートの終盤に、復興への祈りを込めて『風に立つライオン』を歌って締めくくりました。

実はこの時に常総市復興のために僕らの財団から出せるお金は１００万円でした。

「バカヤロー、１００万じゃ屋根ひとつ直せねえじゃねえか」と泉谷さん。

「沢山出せないんだからしょうがないじゃない」

「そうか。じゃ、なんか方法を考えよう」

そこで僕が東日本大震災の避難所で見聞きしたことを話しました。

「被災者」が暮らすのではなく、「人間」が暮らしているというのに、日本人には奇妙な遠慮があるので、避難所にいるだけで贅沢が言えないムードになってしまうのです。

「美味しいものを食べてほしいよね」

「よし、さだ、じゃ、このお金はよ、避難所の人にステーキを食べてもらうことにしようぜ」と泉谷さん。

「では食事代として」

「食事代じゃねえ、ステーキ代だよ！」

「成る程」

そして、会場に来てくれた高杉《たかすぎ》徹《とおる》市長に「ステーキ代」として風に立つライオン基金からの義援金の目録を渡しました。

「ありがとうございます。被災者への食事代に使わせていただきます」と高杉市長。

「ステーキ代だからな」と泉谷さん。

「では美味しいステーキをいただきます」

「おめえは喰わなくていいんだよ」

一同大爆笑。

もう泉谷さんの暴走は止まりません。
「被災者がちゃんと食べている証拠写真を持ってこい」と。
恐喝しちゃ駄目ですってば。
帰り道のバスの中での、泉谷さんの一言が胸に残っています。
「さだ。これはいいな。これからも困っている奴がいたら一緒に偽善に行こう」
一同またまた大爆笑。
何もしてくれない善人より、なんかしてくれる悪人の方が役立つときがある。
成る程。ではこれからは我々の活動を「偽善活動」と呼びますか。

②2016年4月23日
熊本県西原《にしはら》村、益城《ましき》町
全日空も応援

4月16日未明に熊本を襲った「平成28年熊本地震」から1週間。体に感じる余震が続くなか、風に立つライオン基金は現地へお見舞いにうかがいました。

実は、ちょうどこの日の夜、佐賀県有田《ありた》町からＮＨＫ『今夜も生でさだまさし』を放送することになっていました。

佐賀に行くのなら、隣県の被災地を激励したい。そう思い立ち、東日本大震災のときに自主避難所で活躍した石巻《いしのまき》明友館《めいゆうかん》のリーダー千葉《ちば》恵弘《やすひろ》さん（現在は我が「風に立つライオン基金」の副理事長を務めてくれています）に協力を求めたところ、彼がもつ支援ネットワークのお陰で、熊本市を拠点にするボランティアグループと連携を図ることが出来ました。

目的地には、熊本市でも特に被害が大きかった西原村と益城町の避難所を選択。

混乱が収まっていない被災地で歌うのはまだ早いと判断し、今回は応援物資を届けるだけにしました。

応援物資は、キューブカステラ１０００個と、どら焼き１０００個。羽田空港に運び込んだけれど、応援物資の総重量は２４０キロ。はたして飛行機は、積んでくれるのでしょうか。

全日空のカウンターに行くと、係員が「支援物資ですね。すべて無料で承ります」、さらに僕らに向かって「ありがとうございます」と。

日本中が熊本を応援してくれているんだって、胸が熱くなりました。

熊本空港から、西原村の避難所のひとつになっていた山西《やまにし》小学校に向かいました。

体育館では３００人が寝泊まりしています。「これを皆さんに差し上げて下さい」とお渡ししたら、村役場の方から、「支援物資はさださんから直接手渡してあげて下さい」と、申し出がありました。

避難所の人に並んでいただくのは心苦しいのですが、役場の方から「その方がみんな喜ぶから」と言われて、僕がお手渡ししました。

皆さん、カステラとどら焼きを受け取りに来てくれます。子どもたちからは、

「自分が着ているシャツにサインを下さい」と。勿論、喜んで。

続いて、益城町の避難所になっている広安《ひろやす》小学校へ。ここでは、被災者が全教室にわかれて過ごしていました。１階から3階まで、すべて歩いて支援物資を届けていきます。

広安小学校ではＡＭＤＡがすでに入って活動を行っていました。ＡＭＤＡは正式名称を「Association of Medical Doctors of Asia」という多国籍医師団で、災害や紛争発生時に医療・保健衛生分野を中心に緊急人道支援活動を展開しています。

これをきっかけにその後もＡＭＤＡさんと「風に立つライオン基金」が繋がることが出来るようになりました。心強い味方です。

支援物資を配り終えて屋外に出ると、高校生たちが炊き出しのボランティアに励んでいます。偉いな、頑張れよ！

③２０１６年６月17日

熊本県南阿蘇《みなみあそ》村
くまモンとホヤぼーや

「平成28年熊本地震」で大きな被害を受けた熊本県南阿蘇村。災害発生時から、「一日も早く訪問したい。出来れば支援コンサートを開きたい」との思いがありました。ここでも、４月の西原村、益城町訪問時に力を貸していただいた石巻の千葉恵弘さんに協力を依頼。南阿蘇村でボランティア活動を行う若者たちや、南阿蘇村在住のママ友グループに働きかけてくれて、支援コンサートが実現することになりました。

６月17日の支援コンサート当日。まず村役場を訪問。長野《ながの》敏也《としや》村長に風に立つライオン基金から義援金５００万円の目録を手渡しました。

長野村長のデスクに、「くまモン」と「ホヤぼーや」の人形を発見。くまモンは熊本県ＰＲマスコットキャラクター。一方のホヤぼーやは宮城県気《け》仙沼《せんぬま》市の観光キャラクターです。２つのキャラクターが、仲良く並んでいる。被災地同士の交流が復興への力になっていると感じ、嬉しくなりました。

コンサート会場は、南阿蘇中学校体育館。平日の昼間でしたが、８００人を超える人々が集まってくれました。南阿蘇中学校の全生徒も、教室から椅子を持参して参加。聞きに来てくれた人の中には、避難所暮らしが続いているという方も多かったですね。

『案山子』『Birthday』『関白宣言～関白失脚』『秋桜』『雨やどり』『いのちの理由』の６曲を歌いました。みなさんの元気な顔を見ることが出来て、本当に嬉しかった。コンサートの最後には、中学生から花束をいただきました。

この時は僕には次のスケジュールのための移動時間の制限があり、終演後、中学生らからサインを求められたにもかかわらずそれに応じられる時間が無く、「ごめんね、今は時間が無くて無理なんだよ」と一所懸命に説明してお断りしてしまったのですが、これは今も心残りです。

④2016年10月29日
北海道南富良《みなみふら》野《の》町
重い空箱

２０１６年８月は台風の発生が相次ぎ、１か月間に４個の上陸を確認。４個を観測するのは54年ぶりのことでした。なかでも大きな被害を与えたのが台風10号。東北地方と北海道に大雨をもたらしました。

北海道でのジャガイモの収穫量が減少し、ポテトチップス製品（ことに湖池屋のカラムーチョ）の発売が休止になったというニュースを覚えている方も多いのではないでしょうか。

特に大きな被害を受けたのが、南富良野町の幾寅《いくとら》地区。町の中心部が水没し、沢山の家屋が浸水。橋の崩落などもありました。農地には大量の土砂が流れ込み、農作物は壊滅的な打撃を受けてしまったのです。

10月下旬「風に立つライオン基金」として、南富良野町へお見舞いに行く機会をいただきました。夜はお隣の富良野市からＮＨＫ『今夜も生でさださし』を放映し、昼に南富良野町で支援コンサートを開きます。

　コンサートの前に「風に立つライオン基金」の評議員、鎌田實先生と被災地を視察。

　空知《そらち》川《がわ》の川辺に散乱する倒木の数が、水害の激しさを物語っています。堤防の決壊場所では、新しい堤防の建設が急ピッチで進められていました。

　その後、南富良野町役場に隣接する南富良野小学校の体育館に移動。会場には町の皆さん５００人が集まってくれました。

　家の片付けなどで忙しい中、時間を割いてくれて、心から幸せに感じます。

　１時間半近く、『案山子』『Birthday』『秋桜』といった曲に加えて、たっぷりとトークを披露しました。

　みんなが笑ってくれるお気に入りのネタが「記憶が掛け違っているお父さん」。

　アリスが谷村新司《たにむらしんじ》、南こうせつ、さだまさしの3人組だと思い込んでいる男性をネタにしたものです。この日も大爆笑でした。

南富良野町で歌う『北の国から』に胸が震えました。みんな泣きながら大合唱になりました。

会場では、池部《いけべ》町長に風に立つライオン基金からの義援金１００万円の目録を贈りました。

「ありがとうございます。頑張ります、頑張ります」と、涙を流す池部町長。こちらも思わずもらい泣き。

この日、お礼にと、地元特産のジャガイモをいただきました。

実は、この時ステージ上で受け取った段ボール箱は、目録代わりの空箱でした。でも、町民の思いがたっぷりと詰まっているせいか、とても重く感じました。

翌年、南富良野町から事務所宛に、沢山のジャガイモとびっくりするほど沢山の「カラムーチョ」が送られて来ました。

泣けてきますね。

⑤２０１６年11月4日
岩手県岩泉《いわいずみ》町、田野畑《たのはた》村、久慈《くじ》市
泉谷が来ない！

台風10号が残した北海道・東北への大きなダメージ。

10月に訪れた南富良野町に続いて、11月４日、被災地である岩手県の岩泉町、田野畑村、久慈市の３市町村へ支援コンサートに出かけました。当初は泉谷しげるさんと二人で行く予定でしたが、泉谷さんが直前にキャンセル。

「いやーごめんごめん。自分のライブが東京であることをすっかり忘れて、支援ばかりに気が向いていた」と。

「しょーがねえなあ」と大爆笑です。

東京駅を朝一番で発ち、新幹線で盛岡へ。盛岡からチャーターバスに乗り込み、岩泉町を目指しました。国道４５５号を東へ走ること１時間半、岩泉町が近づくにつれ、台風の爪痕が目に入ってきます。氾濫した小《お》本川《もとかわ》流域には流木や道路の陥没跡が残されていました。

11時30分から岩泉町民会館で、この日最初の支援ライブ。岩泉高校の生徒をはじめ、合計約８００人が集まってくれました。

『案山子』『Birthday』など、おなじみの歌を披露。『関白失脚』や『北の国から』では、みんなが一緒に大声で歌ってくれました。

ステージに上がってくれた伊達《だて》勝身《かつみ》町長に、義援金１００万円の目録を手渡します。

「いただいた義援金でさださんのＣＤを買います」と伊達町長。

茶目っ気たっぷりの答えに、会場からは笑いが起きます。でも、一応、釘を刺しておきました。

「皆さん、ＣＤは自分で買って下さいね」

田野畑村では、田野畑中学校の校舎をコンサート会場に使わせていただきました。

観客は中学生と村の皆さんの合計２５０人。「中学生が多いので、ためになるトークを多くしてほしい」という要望があったので、『23時間57分のひとり旅』を披露。これは２００３年に書いた児童文学で、中学生時代の実体験がベースになっています。

同じ中学生の物語ということで、生徒たちは熱心に聞き入ってくれました。最後に石原弘《いしはらひろし》村長に義援金１００万円の目録を手渡し、田野畑村を後にしました。

この日、３つ目の支援コンサートを行う久慈市へ移動。久慈市の海岸線では、まだ東日本大震災の時に受けた傷跡、堤防工事が続いていました。

「東日本大震災の傷跡は簡単に消えるものではない。いまだ復興の途上なんだ」そう再認識させられる光景でした。

会場の久慈市民会館アンバーホールには、一番熱心にぜひ来てくれ、と我々に働きかけて下さったさだまさしファンの遠藤譲一《えんどうじょうじ》市長はじめ、１０００人以上が集まってくれました。

『関白失脚』を歌うと、会場のあちらこちらから「頑張れ！」という大合唱になります。

東日本大震災の傷が癒えないなかでの、台風10号による新たな被災。

「全国の方々が忘れずにずっと応援しています。そのことだけは忘れないで下さい」

と伝えました。

久慈市のみんな、頑張れ！

⑥2016年11月26日
鳥取県倉吉《くらよし》市
大学時代の親友、大活躍

10月21日、最大震度6弱の地震を観測し、大きな被害が出た鳥取県中部。

幸いなことに亡くなった方はいらっしゃいませんでしたが、重軽傷者が数十人。避難者数は一時3000人近くに上りました。

地震から1か月が経過した11月26日に、倉吉市を訪ねました。歴史的文化財に指定された美しい街並みに残る白壁の土蔵群には亀裂が入り、剝がれ落ちた壁に応急手当が施されています。

民家への被害も大きく、ブルーシートに覆われた屋根があちらこちらに。修理依頼が業者に殺到し、工事が進まない家が多いそうです。積雪も少なくない地域だけに、冬を前に住民は大きな不安を抱えていました。

そんな中、鳥取県琴浦《ことうら》町赤碕《あかさき》の伯耆稲荷神社の宮司・河合《かわい》鎮徳《やすのり》さんが力を貸してくれました。

河合鎮徳という名前、聞いたことがあるという人もいるのではないでしょうか。実は彼が皇學館大学４年生のときに僕ら「グレープ」を学園祭に呼んでくれたのが付き合いの始まりでした。

当時國學院大學に通っていた高校の同級生石川《いしかわ》正人《まさひと》君（現・師岡熊野神社宮司）の親友で、以後は僕とも同級生だったかと錯覚してしまうような大仲良しになりました。河合君が倉吉市教育委員会に働きかけてくれて、今回の支援コンサートが実現したのです。

会場は倉吉市立上灘《うわなだ》小学校体育館。

控室には子どもたちからの「ようこそ」「ありがとう」といったメッセージがびっしりと貼られ、気持ちが盛り上がります。

約1000人の観客を前に、『案山子』『Birthday』『無縁坂』といったいつものレパートリーを披露します。

さらにこの日は、同級生の河合鎮徳君が大山小学校香取分校に赴任していた頃の様子を曲にした『吾亦《われも》紅《こう》』も歌いました。予想以上に沢山の方が『吾亦紅』を口ずさんでくれました。この歌をよく知っていることにびっくり！

この日はサプライズがもうひとつ。会場にクリス・ハートさんが来てくれたのです。クリスは手弁当で駆け付け、『I Believe 〜手をつなごう〜』を熱唱しました。

コンサートは大いに盛り上がりました。

特に子どもたちの元気な姿に感動。歌に合わせて、会場を走り回ります。

勇気と幸せな気持ちをいただきました。最後は、子どもたちと声を揃えて、「頑張るぞー!」「おー!」の掛け声です。

⑦２０１７年８月19日
福岡県朝倉《あさくら》市・東峰《とうほう》村、大分県日田《ひた》市
繋がるバトン

２０１５年の関東・東北豪雨、２０１６年の台風10号災害に続いて、３年連続で大雨による大きな被害が出てしまいました。「平成29年7月九州北部豪雨」は、なんと40名の死者と2名の行方不明者を数えました。家屋への被害は、全壊が３００棟以上、半壊は１０００棟以上に及んでいます。

実は８月に入った頃、ライオン事務局に、被害の大きかった東峰村の地区長さんから直接電話が入りました。

その地区長さんは「私たち東峰村はこの被害を乗り越え、今、ようやくみん

なで立ち直ろうとしているところなのですが」と言ってから一呼吸入れて、「あの、さだまさしさんはいつ来てくれるのですか」と聞いたそうです。

この話を伝え聞いて、僕はものすごく感動しました。

災害が起きる度に出掛けていましたが、それは決して頼まれてうかがっているのではなく、あくまで僕が「勝手に押しかけて」いるだけでした。

にもかかわらずどこかでその活動が伝わり、「災害が起き、立ち直ろうとするときにはさだまさしが応援に来てくれる」と思って下さる方があったということでしょう。

「ああ、待ってくれている人がある」

これほど強い勇気をいただいたことはありません。

僕はこれ以後、照れずに臆せずに被災地に出掛けていこう！　と決心しました

さっそく、東峰村に出掛けるための準備を始めました。

8月19日。発生から1か月半が経過しているにも関わらず、現地には目を覆いたくなるような光景が広がっていました。

今回の訪問は「日田プレイス」が段取りしてくれました。日田プレイスは大分県日田市を拠点に活動する街づくりグループ。5年前に義援金を持って大分県日田市に支援コンサートに行ったことで縁が出来、連絡を取り合う関係になりました。

その年の6月に日田プレイスの方から、手紙を受け取ったばかりでした。その手紙には、日田の街が元気になったという報告と、5年前の支援コンサートのお礼と「元気になったぞコンサート」の実現依頼でした。

なんとそのお便りの直後に豪雨災害が起きてしまったのです。

こうしたご縁があったので、日田プレイスのスタッフに現地の状況を聞きながら、お見舞いにうかがうタイミングを見極めてもらいました。

日田プレイスは近隣の朝倉市、東峰村にも連絡を取り、一日で一気に3つの街をまわるスケジュールを組んでくれました。

最初にうかがったのは、最も被害が大きかった福岡県朝倉市の杷木《はき》星丸《ほしまる》地区です。ちょうどこの日、杷木小学校のグラウンドに作られた仮設住宅の入居準備が整ったところ。ボランティアの方々が、入居者に食器などを配る準備をしていました。

この時点で出来ることといえば、作業の邪魔にならないよう、住民の方々に激励の言葉をかけることくらいです。

初日に入居したと仰る女性が僕を見つけて泣き出しました。

さだまさしの大ファンだったそうです。

握手しながらお話をするうち、彼女は「まさかこういう形で会えるなんて」と言ったあと何と怖ろしいことを口走りました。

「ああ、被災して良かった！」

勿論ジョークなのですが、そんな風に言って貰うと、ああ、来て良かったな、と思うものですね。

この仮設住宅で朝倉市の森田《もりた》俊介《しゅんすけ》市長にお会いすることが出来、義援金10

０万円の目録を贈るとともに、応援の気持ちを伝えました。

次に向かったのは、朝倉市に隣接する東峰村です。

そう、あの電話をくれた地区長さんが準備をして待ってくれている東峰村です。

山肌が大きく削られ、倒れた樹木が家屋を押しつぶしている光景に、ショックを受けました。

支援ライブの会場である東峰学園武道場に向かうと、会場の手前に「東峰村ボランティアセンター」を発見。ボランティアの方々に声をかけ、風に立つライオン基金で作った「防災バンダナ」を手渡しました。

皆さんの協力のお陰で、支援ライブは無事に開幕。約１５０人の村民の方々に、歌とトークを届けることが出来ました。

この時に奇妙なことが起きました。東峰村でのライブを誰かがＳＮＳを使って、次にうかがう予定の日田市の小野地区に「中継」していたのです。日田市の小野地区ではこの中継を見ながらこんな会話で盛り上がったそうです。

「東峰村、盛り上がってるなあ」

「日田も東峰村以上に、さだまさしが来たら盛り上がろうじゃないか！」と。

日田市のみんなは手ぐすね引いて待ち構えていたというわけです。

被災地の悲しみの中でもこんな笑顔に出会えるのです。

この日最後の訪問地となったのが大分県日田市です。大規模な土砂災害が発生した小野地区の公民館でした。僕が会場に入って行くなり、あちこちで指笛が鳴り大歓声が上がってまるでロックスターでも現れたかのようでした。

僕はこの時にはＳＮＳでの中継の話を知りませんから、目が点になりました。被災地であんなに酷い目に遭ったのに、どうしてこんなに盛り上がっているのだろう？　と。

後でＳＮＳで中継したという情報を聞いて納得の大笑いでした。約２００人の住民と熱い熱い時間を過ごしました。

この支援ライブ終了後、ほかの被災地と同様に、義援金１００万円の目録と「防災バンダナ」を原田《はらだ》啓介《けいすけ》市長に渡しました。

しかし日田市にはほかの町と違い、もうひとつ渡すものがありました。それは和歌山県那智勝浦町の寺本眞一《てらもとしんいち》町長からお預かりした義援金と色紙です。

♪ エールの連鎖

実はこの日から遡る5年前の２０１２年、日田市が水害に見舞われた際、僕は日田市への支援を呼びかけ、北海道北見《きたみ》市でライブを行いおよそ１９４万円ほどの義援金を集めました。

そのお金を抱え、南こうせつさんと鈴木《すずき》雅之《まさゆき》さんに声をかけ、一緒に日田市民会館で支援ライブを行い、「北見市からの義援金」を市長に手渡しました。するとその時に日田市民の方々から、「タダでコンサートを聴いて、義援金まで貰って、これでさだを手ぶらで帰すわけにいかないぞ」と募金活動が始まり、なんと２４０万円のお金をお預かりしました。

僕はこの日田市からの義援金を、同じく豪雨災害の被害を受けて苦しんでいる那智勝浦町へ届けることにしたのです。

あれから5年が経ち、「その時のご恩を、今こそお返ししたい」と那智勝浦町の寺本町長が義援金を用意し、風に立つライオン基金に託されたのです。

実はその時、那智勝浦の体育館でも「タダで歌を聴いて、義援金まで貰ってさだを手ぶらで帰せない」と地元の南紀くろしお商工会の若者たちがこの日の会場で募金活動を行い、なんと僕は３２０万円を託されたのです。

１９４万円→２４０万円→３２０万円と増えるのですから、まるで「わらしべ長者」状態（笑）です（このお金は宮城県の石巻と塩釜の2団体に１６０万円ずつお渡ししました）。

この「わらしべ長者」のリレーと都城での「避難所の空調」が財団設立へと僕の背中を押したと思います。

お互いを思いやり、善意のバトンを繋いでいく。このバトンこそ、風に立つライオン基金の根本であり、存在理由なのだ。そう強く実感した九州での一日でした。

⑧２０１８年7月25日
愛媛県大洲《おおず》市、西予市、宇和島《うわじま》市
笑顔で乗り越えろ！

誠に日本は災害国であります。広範囲に被害をもたらす災害が、２０１８年も起きてしまいました。

２０１８年７月の豪雨災害。台風７号と梅雨前線による集中豪雨が発生し、西日本を中心に多くの地域で河川の氾濫や浸水害、土砂災害を招きました。死者数は２００人を超える、平成最大の豪雨災害です。

風に立つライオン基金は、即座に活動を開始しました。災害直後から岡山県倉敷《くらしき》市真備《まび》町などで泥の搔き出しや炊き出しを行っていたボランティアグループ「BOND & JUSTICE」を支援。風に立つライオン基金の四国支部が７月20日に総社市と倉敷市へ視察に入りました。

一刻も早く現地へお見舞いに行きたいとの思いで、詰まっていたスケジュールを調整。僕が現地にうかがえたのは7月25日のことでした。この日、最初に向かったのは、大洲市にあるＪＡ愛媛の運営施設「愛《あい》たい菜《な》」です。

この辺りは肱川《ひじかわ》が暴れ、15メートルも水没し、一帯が泥に覆われました。「愛たい菜」の職員が総出で泥を掻き出したそうです。

職員たちから状況の説明を受け、僕たちは同じ大洲市内にある総合福祉センターへ向かいました。ここはボランティアセンターと避難所を兼ねた施設です。やむなく総合福祉センターの建物の中で生活を送る被災者の方々に、持参したカステラを手渡しました。

次に向かったのは西予市の野村町です。この地区では肱川の氾濫によって、6人の方のいのちが奪われてしまいました。

ボランティアセンターとして使われている社会福祉協議会を訪ねました。

事前に現地から「砂ぼこりがひどい」と聞いていたので、この日は財団が作ったタオルを持参。各ボランティアセンターに３００枚ずつ配りました。

さらに、のどの痛みやはれに効くという「ガードドロップ」もボランティアの方々に配布。これは浅田飴さんから支援物資として提供されたものです。

この日最後に訪ねたのは、宇和島市吉田《よしだ》町です。多くの犠牲者が出ただけでなく、みかん畑も壊滅的な被害を受けました。復旧まで相当な時間がかかりそうです。

僕たちがうかがった7月25日の時点でも、水道水は飲める状態ではありませんでした。

避難所になっている吉田公民館を訪ね、宇和島市役所に移動し、玉田《たまだ》光彦《みつひこ》副市長に義援金の目録を手渡しました。それからボランティアセンターにうかがうと、ちょうどボランティアの方々が帰ってきたところ。

みんな、相当、疲れた顔をしています。それもそのはず、この日は最高気温37℃を記録した酷暑の一日でした。

でも、救いは、みんなの明るさ。ボランティアの方々に声をかけると、みんな、嬉しそうな笑顔を見せてくれます。疲れてなんかいないというように。

帰り際、みんなで一緒に写真を撮ったら、彼らから大きな声が届きました。

「さださん、インスタアップ、待ってます！」

見てくれてんだ。

⑨2018年8月6日・9日
岡山県総社市・倉敷市、広島県三《み》原《はら》市・坂《さか》町
総社のジャンヌ・ダルクと対面

風に立つライオン基金の藤村副理事長（当時）がこう言いました。「平成30年7月豪雨災害により大きな被害を受けた総社市に、ボランティアとして大活躍している高校生がいる」と。この本の第一部でも紹介した、「私たち高校生に何か出来ることはありませんか？」というメッセージを総社市の片岡聡一市長に送ったあの女子高校生です。

そのメッセージに片岡市長が「総社市役所へ手伝いに来て下さい」と返信し

たところ、彼女はＳＮＳで仲間たちに呼びかけ、翌日には総社市役所に１０００人の中・高校生が集合しました。

彼女の名前は光籏《こうばた》郁海《いくみ》さんといいます。彼女に会って、直接応援と感謝の気持ちを伝えたい。その願いが２０１８年８月６日に叶いました。

総社市役所の市長室で、同行した鎌田實先生とともに、片岡聡一市長と光籏郁海さんにお会いしました。彼女のことを僕らは勝手に「総社のジャンヌ・ダルク」と命名。力強い女性像を想像していました。

初めて会った「ジャンヌ・ダルク」は勇気ある、謙虚で可愛らしい女の子でした。

「こういう活動を行うと、毀誉《きよ》褒貶《ほうへん》というか、妬《ねた》み嫉《そね》みからいろいろ言われるから、そこを心配していました」と伝えると、「それはもう乗り越えました、大丈夫です！」と笑顔で答えてくれました。

その通り、良いことは胸を張って行えばいいのです。

片岡市長に義援金の目録を手渡した後、総社市役所の車庫を視察しました。

ずらりと並んだ支援物質。

全国から支援物質が大量に届き置き場所がなくなったため、公用車を外に出して保管スペースにしたそうです。

支援物質は衣類、食料、医薬品などと見やすく整理され、被災者であれば総社市在住でなくても自由に持ち出せます。この画期的なシステムも高校生が考案したものです。

総社市では公会堂にも立ち寄りました。ここには、光籏郁海さんをはじめ、高校生たちが夏休み期間の週3回、小学生に勉強を教える「みんなのライオンカフェ」があります。

訪れたときは、ちょうどごはんの時間。

子どもたちと高校生が一緒に、そうめんとスイカを食べていました。

元気な子どもたちの姿に安心し、高校生の頑張りに感動。日本の未来に、若い力は欠かせません。

総社市から倉敷市真備町に移動し、避難所になっている薗《その》小学校と岡田小学校を訪ねました。薗小学校でボランティアの茅野匠《ちのたくみ》さんと遭遇。

茅野さんは仲間に「羅王」と呼ばれる強者《つわもの》で、水害が発生した日に一度も経験など無いのにカヤックを購入。なんと12人以上を救出したそうです。そんな伝説のようなエピソードをもつ茅野さんは、薗小学校で「Gorilla Cafe」を開いていました。

彼は災害直後から炊き出しなどの支援を行っていましたが、この時は被災者のために野菜ジュースなどを提供。野菜不足になりがちな被災者の健康を気遣ってのことです。

3日後の8月9日にも、倉敷市を訪ねました。倉敷市真備町は、小田川《おだがわ》、高《たか》馬川《まがわ》の堤防が決壊し、地区全体が広範囲にわたって冠水。50人以上の犠牲者が出てしまいました。住民の方々は厳しい生活を続けています。

倉敷市の伊東香織《いとうかおり》市長にお会いし、義援金をお渡ししました。

岡山県倉敷市から県境を越え、広島県三原市に入ります。三原市も豪雨によって大きな被害を受けたエリア。

水害により、８人の方が亡くなってしまいました。家屋への被害も多大で、市内の本郷町地区では約80戸が床上浸水。土砂崩れで住宅を失った方もいます。災害ボランティアセンターになっている三原市南方コミュニティセンターに行きました。

若い人たちが、被災者を助けるために全力で頑張っています。

大学生のボランティアが多く、彼らに話を聞くと、学校はさまざま。京都の龍谷大学、宮城の東北学院大学など全国各地から広島県三原市まで来てくれていました。

三原市から西へ65キロ先の安芸郡坂町にもお見舞いに行くことが出来ました。坂町の小屋浦地区では土石流が砂防ダムを破壊。流れ出た土砂が住宅を襲い、16人が亡くなってしまいました。住宅街は大量の土砂やがれきに埋まったまま。自宅に帰れない人たちの避難所暮らしは１か月を超えていました。高齢者が多い地区のため、エコノミークラス症候群などの危険性が高まっていました。

今回訪れた岡山県総社市・倉敷市、広島県三原市・坂町。

復興への道のりは、まだまだ長いと感じました。これからも支援を続け、改めて現地を訪れる機会を作っていきたい。

被災者の方々と、約束しました。

「次はギターを持って歌いに来るからね」

⑩2018年9月23日
岡山県総社市
さだまさし、約束を果たす

「ギターを持って歌いに来るから」

その約束をひとつ果たすことが出来ました。9月23日、鎌田實先生とともに、総社市を訪問。「さだまさし&鎌田實チャリティーイベント」を開催しました。

会場に使わせていただいたのは総社中学校。敷地内のテニスコートの横には、入居が始まったばかりの仮設住宅が並んでいました。

東日本大震災の被災者が暮らすために福島県いわき市に建てられた仮設住宅が、今回の豪雨災害にあたって、福島県から無償譲渡されたそうです。

入居者には総社市に隣接する倉敷市真備地区の被災者が多く見られました。以前の生活に戻るにはまだ時間がかかりそうでしたが、今日のチャリティイベントで辛い日常を少しでも忘れられたらいいなと思います。

チャリティイベントは、鎌田先生の講演からスタート。さまざまな被災地で行った支援活動での経験や医学データをもとに、「被災地でいかに健康的に生きるか」がテーマです。

避難所では野菜やタンパク質が不足がちになること、運動不足を解消するにはどうしたらいいのか、引きこもって人と話をしなかったり笑わなかったりすることがどれほど健康に悪いか。こうした内容を、ジョークを交えながらわかりやすく伝えていきます。

鎌田先生からバトンを受け取って、会場に集まってくれた８００人以上の人たちへのライブです。

１曲目『案山子』を歌い始めると、「待ってたよ」というように大きな手拍子が起こりました。『関白失脚』ではみんなで「頑張れ」コール、『たくさんのしあわせ』は高校生ボランティアの方々がみんな一緒に踊ってくれます。片岡聡一市長、鎌田實先生も踊り出しました。

鎌田先生の講演会とコンサートは、想像以上に盛り上がりました。

でも、この日のメインイベントは講演会とコンサートではありません。主役は、ほかにいます。鎌田先生と縁があって長野県茅野市から駆け付けてくれた「レストランピーター」のみなさんです。ステーキ丼やうな丼、コンテストで世界一を獲得したソーセージを使ったホットドッグなど、１２００食の炊き出しを行ってくれました。

被災地各所で支援活動を展開するボランティアグループ「BOND & JUSTICE」も参加。早朝から富士宮やきそば３００人前を仕込み、来場者に配布しました。

器とご飯を提供してくれたのは、山崎製パン「サンデリカ岡山事業所」のみなさん。ドラッグチェーン「ZAGZAG」からは生活必需品の提供を受けました。「大王製紙」からも多大な寄付をいただいています。

さらに会場の設営や炊き出し、お客様の案内など、高校生たちはこの日も大活躍。

チャリティイベントの主役は、数え切れないくらい、沢山います。

⑪２０１８年９月13日
北海道むかわ町、厚真《あつま》町、安平《あびら》町
全日本、稲葉監督、現る

２０１８年９月６日、北海道では史上はじめてとなる震度７を観測する地震が発生しました。北海道胆振《いぶり》東部地震です。

胆振地方の広範囲で土砂崩れが起こり、36人が亡くなった厚真町をはじめ、あわせて41人のいのちが奪われてしまいました。

札幌市にも被害がおよび、市内の清田区では液状化現象を確認。道路が変形し波打ち状になるなど、目を覆いたくなるような惨状が報道されました。

そんな状況の中、9月12日に札幌公演が予定されていました。

当初は「開催を見送ったほうがいい」と考えましたが、北海道の方から「こういう時だからこそ、ぜひ開催してほしい」という声が届きます。思い悩んだ末、「少しでも元気を届けたい」と、開催を決意しました。

電力不足が心配される中でしたので、主催の北海道放送にお願いをして電源車を用意、これでステージの電力を補いました。

結果的に、とてもあたたかい感動的なコンサートになったと思います。

コンサート翌日の13日早朝から、被害が大きかったむかわ町、厚真町、安平町の3つの町を訪ねました。

現地では、すでにボランティアグループ「BOND & JUSTICE」の仲間が炊き出し支援を行っています。彼らを激励したいという気持ちがありました。最初に向かったのは、むかわ町にある「道の駅むかわ四季の館」。ボランティアセンター兼避難所として使われています。

ここで素晴らしい方と出会いました。地震発生当日から炊き出しを行っている山口《やまぐち》幸雄《ゆきお》さんです。

これまで、北海道南西沖地震、阪神・淡路大地震、東日本大震災などの被災地を訪れ、料理をふるまう活動を行っている方。

ボランティア歴はすでに40年以上になるのです。

山口さんはボランティア活動の中で知り合った農家の人たちからお米や野菜などを提供してもらっているそうです。

その食材を使って、毎食違うメニューになるように、料理を作っています。

山口さんのメニューは美味しいと大人気で、料理ができあがると長い列ができます。およそ３００食が30分足らずでなくなってしまうのです。

山口さんは話します。

「被災した皆さんのにっこりした笑顔を見たいだけです。避難した人たちの生活がもう大丈夫だと納得出来るまで、活動を続けたいです」

活動の間、山口さんはワゴン車で寝泊まりしています。

車内には、炊き出しに使う調理器具、机、椅子、折り畳み式の簡易ベッドなどが積み込まれていました。

最も被害が大きかった厚真町にも、ボランティアの方々がたくさん集まっていました。ここでは、南富良野町から支援に駆け付けた人たちにお会いしました。

南富良野町は２０１７年の10月、台風10号による大雨で空知川の堤防が決壊し、甚大な被害を出した時の、支援のお礼として、厚真町でのボランティアに参加したそうです。

いろいろな被災地を訪ねるたびに、「辛い時にお世話になったご恩返し」とボランティアに参加する方に出会います。

自然災害は、夢や希望を打ち砕くほど、本当に辛い。

出来る限りないほうがいいに決まっていますが、こういう場面に遭遇すると、心があたたかくなってきます。


最後に安平町早来地区のボランティアセンターに向かいました。

何故か、大勢の報道陣が集まっています。

「はて？　なんだろう？　僕の取材の筈はない」と思いながら近づくと、報道陣の目的は、北海道日本ハムファイターズの選手として活躍し、現在は全日本の侍ジャパンの監督、稲葉《いなば》篤紀《あつのり》さん。

同じくヤクルト〜日本ハムOBの建山義紀《たてやまよしのり》さんとともに、支援していたのです。お邪魔しないようにコソコソ動いているのを見つけた稲葉さんに手招きされ、テレビカメラや新聞記者の輪に、みずから飛び込んでしまいました。お恥ずかしい限りです。

でも、そのおかげで、その夜のＮＨＫニュース番組や翌日の新聞で、風に立つライオン基金の活動が紹介されることになりました。

ありがたいことです。

稲葉さん、建山さんとともに、子どもたちと写真を撮ったり、炊き出しを手伝ったりしながら、安平町での時間を過ごしました。

ボランティアの輪が広がり、いろんな人と繋がってゆく、北海道の３町訪問は、明るい未来を期待させてくれました。

⑫２０１８年10月21日
広島県坂町
ギターを持って再訪

８月９日に最初に広島県坂町小屋浦地区を訪ねたとき、彼らはとても僕らに冷たかった。初めての冷たい出迎えは経験になく、少し心が折れそうになりました。

しかし後で考えるとまだこの時点では災害に遭われた方が全て救助されておらず、行方不明の方がおられた時期でした。

そこへあちこちからのマスコミが集まり、その報道合戦に地元の人は「テレビは我々の心によりそってくれない。自分勝手に取材するばかり」という怒りに満ちていたのです。

僕が芸能人であることから、マスコミに対する警戒や怒りが、突然現れた僕らにも向けられたということなのです。今となればとても良くわかることです。

ただ、その時には少し悲しかった。それでも歓迎してくれた何人かのひとに「今度はギターを持って歌いに来るからね」と約束をしました。

その約束は果たさねばなりません。

そこへロシナンテスの川原尚行先生から話が入りました。

「僕の仲間が小屋浦の支援に入って居ます。さだ さんが行ってくれる日には僕も行きます」というものでした。

川原先生のお仲間と連絡を取りこの年の10月21日に「復興祭」をやることにしました。

すると少し気持ちも落ち着いたのでしょう。町の若い人たちから「さだまさしが来てくれるなら、いったん中止になったお祭りをやろう」という意見や「いやいやむしろこの際きちんと慰霊祭をやるべき」という話が出てきました。

町の人が少しずつ次の段階へ向けて元気を出し始めたのです。

当時長崎から支援に入っていたＮＰＯ法人「有明支縁会」の皆さんが「さださんが来るなら精霊舟を作り、精霊流しをやりましょうという声も上がったのです。

当日は僕を精霊舟が迎えてくれることになったのです。

僕はすぐにいつも中国地方のコンサートを仕切ってくれている「ユニオン音楽事務所」の田中社長に電話をしました。

彼は総社のコンサートにもボランティアで世話人をやってくれていますし、8月9日に初めて小屋浦を訪ねたときにも同行してくれていました。

彼は「何でもやります」と即座に答えた後、「それでも貧乏なライオン基金も色々物入りだけん費用もどうにかせーにゃいけんですね」と言った。

それから暫く後「ＰＡ（音響）システムは広島工業大学専門学校の学生が勉強になるからボランティアでやりたい言うてくれよんですが、これ、アマチュアでもいけますか」という。ありがたい援軍だ。

「今まで被災地でちゃんとしたＰＡで歌ったことなんかないからありがたい」と応えると、「あーよかった。そんならＰＡは大丈夫です」。

すぐに僕は仲良しのアナウンサー・タレントの西田篤史君、あっちゃんに電話をしました。

「小屋浦で復興ライブをやるからボランティアの司会で来てよ」と。

「よろこんで」と即答してくれましたが「却って僕、邪魔になるんとちがいますかねえ」と不安そうな感じです。

当日、広島であっちゃんと待ち合わせて一緒に坂町小屋浦に入ります。すでに川原尚行先生がいつもの明るい顔で出迎えて下さいました。

町の若者たちは中止した祭をやろうと言いだし、お年よりはいや、それならきちんと追悼式、慰霊祭をやろうと言う意見が出てみんなで合意。

その日は川上の整地された土地に手作りの祭壇を設けみんなで慰霊祭を催しました。

それから会場に入り、あっちゃんの司会でまずは川原先生の講演。あっちゃんの人気は大したものでした。みんなが「あっちゃん」「あっちゃん」と大喜びです。これで会場の熱がぐんと上がりました。

僕が歌い出すと皆さん本当に真剣に耳を傾けてくれました。

ユニオンの田仲社長は会場の二階通路に上がったり下りたり、暗幕を閉じたり開いたり、挙げ句、僕らに気を遣って一人スタッフで大活躍です。

一度はマスコミ攻勢で世間に対して背中を向けた人たちも、その日に一気に心を開いて一つになりました。終演後の歓声と熱気は忘れられません。

広島工業大学専門学校の学生たちは「もの凄く勉強になって、楽しかったです」と逆に僕が御礼を言われました。

感謝しているのは僕なのに。

あっちゃんも「いやあ、連れてきてもらって本当に良かった。はじめて被災地に入ったけど、僕の方が元気を頂きました」と言いました。

そうです。実は応援に入った僕らの方が元気を頂くのです。僕らが支援を頑張るのはそこなんです。

川原先生、田中社長とあっちゃんに心から感謝した一日でした。

♪ 国境なき医師団の加藤さんと

このように、2015年に財団法人として立ち上がった風に立つライオン基金は、全国各地の被災地を中心にさまざまな活動を行っています。

とはいえ、いまだ手探り状態。全国各地に足を運び、さまざまな支援活動を行っている人たちに出会いながら、徐々にプラットフォームを築き上げている段階です。

支援活動を行う団体として、日本でも有名なグループが「国境なき医師団」です。

１９７１年にフランスの医師とジャーナリストのグループによって結成されたＮＧＯで、１９９２年には日本事務局も発足しました。

国境なき医師団は、海外の紛争地域で活動しているイメージが強いですが、国内の被災地にも頻繁に出動しています。

以前、「国境なき医師団が熊本で活動している」と聞き、カステラを届けようと思ったことがあります。

でも、すでに引き上げた後。国境なき医師団は現場が一番たいへんな時に入られて、自分たちがいなくても大丈夫なようになったら、さっと引き上げる。

そのスマートさが、実に格好いいんです。

風に立つライオン基金設立後、国境なき医師団日本事務局の会長（当時）を務める医師の加《か》藤《とう》寛幸《ひろゆき》さんと話をする機会がありました。

――国境なき医師団は、世界中の危険な場所へ入っていきますよね。僕ら民間人がのうのうと行けるような場所ではなくて。

「いえ、僕らも同じ民間人です。ニーズがあるのにアクセスの都合などで行けないような地域に、医療を届けています」

――その中には戦場も含まれています。戦地へ飛び込んでいくには、相当な勇気が必要ではないのでしょうか。

「決して起きてはほしくないですが、もし日本で戦争が起こったとして、日本の子どもたちが戦火に巻き込まれ、医療にアクセス出来ないとします。そうだとしたら、さださんも現地に行きますよね。では、アフリカや中東だったらどうしますか？　そこは一緒じゃなくてはいけないんです。こっちは行かなくてもいいか、ではいけない。場所がどこであろうと、正しいことは正しいのです」

――すべての医師が、そうした真心をもっているわけではありませんよね。

「僕もはじめは好奇心でした。自分に何が出来るのか、そういうチャレンジのような気持ちがあったと思います。でも、何回か行くと、そこで苦しんでいる子どもたちに感情移入してしまうんです。子どもたちの顔を見ると次もまた行こう、行かなければならないと思うようになります」

――その感情はわかります。東日本大震災の後、5月1日に石巻に入りましたが、その時は嫌で嫌で仕方がなかった。現場を見に行くのも嫌だし、見物に来たと思われるのも嫌だし。好きでいつも趣味で持ち歩いているカメラは敢えて持たないで行きました。

　でも避難所に入って歌い出すと、みんなの顔に生気が出てくるんです。子どもたちは笑って、大人たちは泣き出す。被災した方々に感情がよみがえってくる感じ。その顔を見て、「また行こう」と思うようになるんです。

「被災者は、さださんの歌のメッセージに感動したんですね。僕たちは医者で、現地に行って助けられるいのちもありますが、どちらかというと助けてあげられないいのちが多い。自分の出来ることは限られていると感じます」

――医療は直接、いのちに関わる仕事。僕ら歌手は心に働きかけることは出来ても、病気やケガには無力です。ですから、現場にいち早く入ってくれる国境なき医師団を、心から尊敬しています。

　現場に入る際、国境なき医師団はどんな編成を組むのでしょうか。

「現場によって、数人のチームから10人、20人のチームまで、いろいろあります。チームにはリーダーがいて、そこにドクター、機材資材担当、看護師らが入ります。現地でスタッフを採用する場合は、人事やお金の管理をする人も加わりますね。

　僕は患者さんを診ることは出来ますが、車の修理をすることは出来ないので、そういう専門家も必要。各自が自分の役割を果たし、お互いにリスペクトしています。

　一番大事なのはゴールが同じであること。同じゴールを目指してそれぞれの役割を果たすと、自然に連帯感が生まれていきます」

――国境なき医師団と聞くと、紛争地域に世界中からお医者さんが集まり活動を行う印象が強い。でも東日本大震災や熊本地震内でも支援活動を行ってくれています。

国内でも同じ態勢でいてくれているというのは、僕らにとっても新たな学びでした。国境なき医師団のこうした活動を人々に知らせていくのも、風に立つライオン基金の役目だと思っています。

「国境なき医師団は、活動の約90%が寄付で成り立っています。もちろん、日本国内でもたくさんの方から寄付をいただいております。お伝えしたいのは、『私が寄付したものが、誰に、どこに、どういう形で届いているのか』という情報が届きにくいということ。

『よくわからない使われ方をしている。だから寄付しない』という人が多いんですよ。風に立つライオン基金によって、『私の寄付したお金がこういうふうに使われている。こんなに喜んでくれているんだ』と伝わるようになれば、日本の寄付に対する考え方が変わっていくと思います。さださんの活動が新しい寄付文化につながっていくことを、心から期待していますね」

――ありがとうございます。風に立つライオン基金を、僕は志を同じくする人のプラットフォームとして育てていきたいんです。

ケニアで身体の不自由な子どもたちを診ている公文和子さん、フィリピンのミンダナオ島で孤児を育てている烏山逸雄さん、スーダンで頑張っている川原尚行さん。僕らの活動を通して、「こういう活動をしている人がいるんだ」と知ってもらえれば嬉しい。そして、「私、この人に寄付するわ」ということになれば、もっと嬉しい。繋がりが繋がりを生んで、曼荼羅のような形にならないかと願っているんです。

風に立つライオン基金はまだ始まったばかりで、国境なき医師団と比べたら、ちっぽけな存在です。でも、何かしらの心のリンクができれば。僕らはこれを
「コバンザメ作戦」と呼んでいます。大きいものにくっついていきます。

「組織の大きさや時間の長さはまったく関係ありません。古い団体にもろくでもないものが沢山ありますから。重要なのは、目の前の一人一人の患者さんのニーズに応えられるかどうか。そこは、国境なき医師団も、風に立つライオン基金も、同じでしょう。立場は対等なんです。僕たちには出来ないことが風に

立つライオン基金なら出来る。そんなことが沢山あると思います。ですから、可能な限り、連携を図っていければこちらとしても心強いです」

♪ まとめ　コロナ禍のこと

国内、海外を問わず、「災害に苦しむ人を直接的に支援するのはもちろん、支援活動を行う人を支援していく」ことを目標に立ち上がった風に立つライオン基金。

２０１５年の活動開始から5年、徐々にプラットフォームが形になっていく中で、２０２０年、世界は大きな災害に見舞われました。新型コロナウイルスの感染拡大です。

この非常事態に、風に立つライオン基金として何が出来るのか。

日本国内での感染者は3月頃から増え始めましたが、どんな向き合い方が正しいのかは世界中が手探り状態。４月に入ってから、「風に立つライオン基金として何が出来るか」を議題にミーティングを繰り返しました。

実際に基金としての支援活動がスタートしたのは5月になってからです。

今でこそ、コロナ禍における風に立つライオン基金の支援活動は、「医療物資の支援」と「ふんわりチャンポン大作戦」の2本柱と申し上げることが出来ますが、当初からプランが出来ていたわけではありません。

試行錯誤を繰り返しながら、短期間で作り上げていったものです。

医療現場に最初に物資を発送したのは5月5日のことです。

第1部でも述べましたが、医療現場でマスクが不足していると聞き、ＫＮ95というタイプのマスクを送りました。このＫＮ95は、コロナ感染対策に効果的だといわれていたＮ95とほぼ同じスペックをもつマスク。

買い占めなどにより価格が高騰しＮ95が入らなかったため、ＫＮ95を選択しました。とはいっても、ＫＮ95も価格が上がり、入手にはかなり苦労しました。

このほか、ポリエプロンやタイベックスーツといった、いわゆる防護服も送りました。発送先は、鎌田實先生や奥知久先生と相談しながら選定しています。

医療物資が足りずに切羽詰まっている、あるいはコロナ陽性者が発生し現場が逼迫している施設。そしてもうひとつ、なかなかニュースなどでは取り上げてもらえない、草の根を支える施設にも出来る限り支援しようと考えました。地方にある小規模の福祉介護施設がこれにあたります。

風に立つライオン基金では、これまでに35の医療機関に物資を届けました。その35の施設から、さらに小規模な施設へ配布されるというケースもあり、支援の輪は広がりました。現在、風の立つライオン基金の支援物資を使ったことがある施設は、１００か所を超えています。

万全な体制とはいえないものの、支援活動を続けていくうちに、仲間がどんどん増えていきました。人と人との繋がりが輪になり、少しずつネットワークが形になっていく。風に立つライオン基金の活動に賛同してくれる人からの募金も増え、支援の規模も拡大していきました。コロナウイルスの脅威にさらされている中でしたが、明るい未来を感じることもできたのです。

目標は「場所」「人」「仲間」の育成

そうした人々の輪が、ひとつのプラットフォームを作り上げました。それが、「ふんわりチャンポン大作戦」です。

きっかけは、介護福祉施設への支援でした。鎌田先生は常々「医療崩壊は最大の恐怖だけど、その次に来る福祉崩壊がさらに怖い」と仰っていました。というのも、介護福祉施設には高齢の入所者が多く、年齢が高いほどコロナウイルスによる死亡率は高い。

それなのに、コロナ対策の知識やノウハウをもった医療従事者は少ない。クラスターが発生したら、ヨーロッパのような状況になることは目に見えていました。

そこで、福祉施設のスタッフと医療従事者が交流できる勉強会や相談会を開催しました。一緒に学び、考え、お互いの状況を理解し、相談し合う。

毎日のようにネットを使ってミーティングを開催しました。この垣根を超えた勉強会が「ふんわりチャンポン大作戦」の原型です。

ミーティングにはジャパンハートをはじめ、国内外の各地で支援活動を行うＮＧＯやボランティアグループの方々も加わるようになりました。医療の専門家だけでなく、さまざまな分野の人がフラットな関係で〝ふんわり〟と繋がったのです。

この「ふんわりチャンポン大作戦」の活動期間は、２０２０年12月までと設定しています。恒久的に続けていけばいいのではないかと思われる方もいらっしゃるかもしれません。でも、こうした活動は明確な目標を立てて行うことも重要なのです。

ゴールを決めないと、誰でも息切れし、徐々に熱が冷めていってしまいます。

「ふんわりチャンポン大作戦」の目標は、感染防止に役立つ「場所」「人」「仲間」の３つを作り上げることでした。

まず「場所」に関して説明します。

風に立つライオン基金では、「ふんわりチャンポン大作戦の勉強会に参加し、予防策や対応に向上・改善が見られた施設を全国に250か所作る」を目標にしました。これはすでに達成し、12月には658か所を超えました。

ふたつめの「人」。

これは、「さまざまな分野の方々が集まるふんわりチャンポン大作戦で、人と人をつなぐ役割を担ってくれる人材を育てること」が目標です。

ふんわりチャンポン大作戦を進めるなかで、町田の佐藤亜美さんをはじめ、心から素晴らしいと思える人に出会えました。

町田の佐藤さんは東京・町田の介護福祉施設で働いており、施設の入所者を近くの中古車販売店で働けるように交渉し、見事に実現させた優秀な女性。今回のコロナ禍では、防護用のエプロンを利用者と一緒に作る仕事を引き受けてくれました。

彼女は勉強会で人をつなぐ能力にも長けていましたので、その志を拡散してもらうよう、「チャンポン大使」に任命。彼女の意思をくんだ人たちが現れ、9月にチャンポン大使は20名になりました。

3つめの「仲間」は、「ふんわりチャンポン大作戦の活動領域を全国各地に広げ、人と人のつながりを増やしていくこと」です。

「47都道府県すべてに」との思いがありますが、活動場所はコロナの感染者が多いエリアや、大きな災害が発生し被災者が出ている市町村が中心になっています。自分たちの力でうまく進められている場所は、注視しながらも様子を見ているという感じです。

現在、風に立つライオン基金の正式な活動として訪問したのは22都道府県（オンラインでの参加は36都道府県）です。

ふんわりチャンポン大作戦としての公式な活動は12月までですが、「場所」「人」「仲間」を育てられれば、その地域ごとに独自の活動は続いていくと思いますし、新型コロナウイルスの脅威が続くようであれば、まだまだ活動を続けて行くべきだと思っています。

もう一歩踏み込んだ別の手法だってありうるはずです。

医療関係者と介護福祉関係者とをライオンが繋いで行く事で、次に来る疫病や、もしかしたら大規模災害にも備えられる可能性があるのです。

こういったふんわりチャンポン大作戦の志が永遠に受け継がれていくことを期待したいですね。

♪ さだまさしの立ち位置

２０１４年にケニアで公文先生と出会ったことからヒントを頂き、風に立つライオン基金の設立を決意してから、６年が立ちました。

この６年間は本当に忙しかった。仲間からも「さださん、少し休んでくださいよ」という声が聞こえてきました。

でも、走り続けなければいけません。

基金の設立者という責任もありますが、歌手である以上、辛い思いをしている方々へ応援のメッセージを届けたい。

歌を聞いて、少しでも元気な気持ちになってくれれば、これ以上嬉しいことはありません。医師と違って病気やケガを治すことは出来ませんが、歌にも出来ることはあるはずです。

歌手としての活動が、「風に立つライオン基金」を知っていただくきっかけになることもあります。コンサート会場ではもちろん、テレビやラジオ、雑誌などの取材やインタビューに出させていただくたびに、風に立つライオン基金の活動を宣伝していますから。それが募金の増加に繋がり、結果として支援活動の向上に結びつく。そんな好循環を生み出せればいいと思います。

今更「偽善だ」「売名行為だ」と言われることはありませんが、もしもそういうことを言われても気にしません。

やるべきことをやる。

出来ることをする。

そういう思いでやっています。

ただし、その一方で「風に立つライオン基金」にひとり立ちしてほしいという思いもあります。

理事に高齢者が多くなれば、思うほど活動出来ないということが出てくるでしょう。

上手なバトンタッチを行いながらやがて「さだまさし」がいなくなろうと、それに関係なく成長してほしいと思うのです。

そのためには、長く継続出来るしっかりしたプラットフォームを作り上げることが必要です。

この思いから「風に立つライオン基金」では、若い世代の育成を大きなテーマにしています。

その象徴が「高校生ボランティア・アワード」。アワードに出た高校生たちが大人になった時に、風に立つライオン基金を支えてくれる。別に風に立つライオン基金じゃなくてもいいのですが、社会に貢献する何らかの活動を続けてくれたら嬉しく思います。

高校生には日本を変える力がある。
そう信じています。

あとがきにかえて

「らいおんカフェ大作戦」のこと

　2020年春以後「風に立つライオン基金」の活動を評価して下さる方々から多くの募金を頂戴している、とお伝えしてきました。ただしこれは「以前と比べて」という意味で、決して我々の組織に潤沢で大きな予算があるわけではありません。毎年毎年、皆さんからの募金で運営する僕らの「予算との戦い」は、これからも続きます。

　企業からの支援も少しずつ増えてきましたが、地味な活動ですからなかなか我々のことを知っていただけないというのが実情です。

　それでも、僕らの支援活動に賛同し、自然災害など被災地支援の際には必ずかなり沢山の商品支援をして下さる『浅田飴』さんなど、確実に力強い支援の輪は広がっています。

　また個人的にもとても親しい『猿田彦珈琲』の大塚《おおつか》朝之《ともゆき》代表取締役は「風に

立つライオン基金」を応援するために、これまで数々の商品を開発して販売し、売り上げをチャリティして下さるなど、資金的にも支援を続けてくれています。

２０２０年、我々は新型コロナウイルス感染症支援のための募金をいただいたことが勇気となり、かなり心丈夫に医療機関と介護福祉施設を繋ぐという「ふんわりチャンポン大作戦」を展開することが出来ました。

この1年間、勉強会に参加してくれた施設の中には無念にも後にクラスターが発生してしまった施設も2か所ありましたが、すぐに立ち直って、今は懸命に通常の活動を続けています。

しかし今、日本中が、殊に医療機関や介護福祉施設で働く人々が疲れ果てています。

みんな本当に疲れているのです。

そこで、疲れ果てた皆さんに、僕たちらしいエールを送ることが出来ないだろうかと思い悩んだ末に実行したのが「らいおんカフェ大作戦」です。

我々は昨年末、常に応援してくれる『猿田彦珈琲』に依頼し、２種類の珈琲ドリンクを大至急作ってもらうことにしました。

彼らは例によって強い「ボランティア精神」を発揮し、あっという間に２３５ミリリットルの新型容器で２種類、計３万本の珈琲ドリンクを作ってくれました。

ひとつは微糖の「真心ＳＷＥＥＴ」、もうひとつは無糖の「キリッとＢＬＡＣＫ」です。

実行速度にも驚きましたが、なんと彼らは出来るだけ無駄な費用を出さないために、大塚代表自ら社員に呼びかけて、３万本のラベル貼りを社内有志の手作業で行おうとしていたのです。

これを聞いた我々は『猿田彦珈琲』の善意にそこまで甘える訳にはいかないと考え、『町田フレンズサポート』に「仕事」としてラベル貼りの作業をお願いすることにしました。町田市の「チャンポン大使」佐藤亜美さんに「仕事を作る」という「支援」があるということを教わったのがきっかけでした。

『町田フレンズサポート』は町田市立総合体育館のレストランを運営することで障がい者の自立就労支援をしている「特定非営利活動法人」ですが、4月から7月まで町田市立総合体育館が閉鎖されたため、レストランはその間完全休業となり、営業収入は前年比の2割まで落ち込んでしまいました。

『町田フレンズサポート』さんには、佐藤さんの紹介でこれまでにも我々が支援用に製作した30ミリリットル入りのアルコール・スプレーボトル（後で説明します）のアルコールの詰め替えとラベル貼りと発送を、さらにマスク・フェイスシールド・手袋・手作りガウン（これらは佐藤さんが運営に関わっている施設で「仕事」として作っていただいているものです）などの感染防護用品の送付支援と倉庫の利用を「業務」としてお願いしていましたので、今回もスムーズに依頼が叶いました。

　金額にしたらささやかなものですけれども、我々の支援活動から彼らの仕事が生まれるというのは素晴らしいことだと思います。

　ほんの僅かであっても「お金を廻してゆく」というこのスタイルは、新型コロナウイルス感染症と闘ううちにたどり着いた、我々なりの新しい支援方法のひとつです。

『猿田彦珈琲』にお願いした珈琲ドリンク「らいおんカフェ」は「非売品」です。

新型コロナウイルス感染症との戦いに疲弊している、医療機関や介護福祉施設のスタッフに我々が贈る「心のエール」という支援です。

鎌田實先生の発案で、被災地でもテント一張りで提供出来ることから、そこで情報を集めたり、疲れたスタッフに一息ついてもらえたら良いという思いから発想した「らいおんカフェ」を、ここでも実行することにしたのです。

この「らいおんカフェ大作戦」は、我々の活動のために募金をして下さった方々も大いに賛成して下さると信じています。

２０２１年２月１日にまず第一弾として１１５か所に１万７０００本を配布しました。

我々は新型コロナウイルス感染症の治療・対策に疲れ果てている医療従事者

や、介護福祉施設の職員の皆さんに、「頑張ろうね」「忘れていないよ」「今も繋がっているよ」という気持ちを伝えるためにこの珈琲を贈ります。

「この珈琲で一息ついて、元気に繋げて下さい」というメッセージを付けた「らいおんカフェ」は、今日も頑張る医療機関や介護福祉施設に届いています。

　このほか、「風に立つライオン基金」特製の「カラビナ」に、前述した30ミリリットルのアルコールスプレー・ボトルを付けたもの（このセットがあればベルトなど、身体の一部に付けてアルコールを持ち歩けますし、カラビナ自体は５００ミリリットルほどのペットボトルにも使えます）などもお送りする予定です。勿論『浅田飴』や『あ、さだ飴』（コンサートのみの販売用に浅田飴さんとコラボした製品です）と一緒にね。

　既に「ホッとした」「勇気を貰った」「美味しい」「元気が出た」という喜びの声が、私たちの事務局に続々と届いています。

♪

「高校生ボランティア・アワード」のこと

「風に立つライオン基金」を未来に託すために行っている大切な事業「高校生ボランティア・アワード２０２０」は、高校生の皆さんの安全を守るために実際に集まることを諦め、２０２０年12月にＷＥＢ開催となりました。リモートではありましたが、全国の素晴らしい活動を行っている高校生の皆さんと元気に繋がることが出来ました。

ＷＥＢ開催だけに、各校短い「活動動画」を作ってくれましたから、却ってわかりやすい発表になった気がします。これは今後の開催に向けてとても勉強になりました。

「高校生ボランティア・アワード２０２１」は今年こそみんなで集まろうと、

8月17、18日に名古屋国際会議場で開催することにしています。

また、「風に立つライオン・チャリティコンサート」は8月16日、名古屋国際会議場センチュリーホールで行う予定です。

こういう厳しい状況の中でも、「誰かのために」懸命にボランティア活動を行っている高校生たちが、全国で３０００校もの学校にいます。僕たちは彼らの思いを「讃えたい」と思うのです。

開催に関して、このコロナの事情によってはまた変更もあり得ますが、どうにか元気なみんなの笑顔に会いたいと願っています。

高校生は日本の未来を変える大きな力です！

♪ 「ふんわりチャンポン大作戦」のその後のこと

２０２１年1月13日。

「風に立つライオン基金」が主催する「ふんわりチャンポン大作戦」の勉強会がとうとう海を越え、アフリカはケニアのナイロビで行われました。

「風に立つライオン基金」の「風の団・専門団（医師・看護師の皆さんが参加して下さっているグループです）」のリーダー的存在、大分・諏訪の杜病院院長の武居光雄先生は、一年の半分近くケニアで診療を行っている我らが「偉大なライオン」の一人ですが、ついにナイロビの日本人学校の講堂で「ふんわりチャンポン大作戦」を敢行しました。

　現地在住のＪＩＣＡ関係者の皆さん、日本人外交官、商社マン、また、その子どもたちに向けての新型コロナウイルス感染症対策講習会です。

　日本人学校の講堂といえば、約6年前に僕の小説『風に立つライオン』の映画化に合わせて僕自身が生まれて初めてアフリカ・ケニアを訪問した際、現地在住の日本人の皆さんを励まそうとコンサートを行った懐かしい場所です。僕は東京からリモートで参加しながら、映像の中の日本人学校が懐かしくて嬉しくて少し寂しい、不思議な感覚になりました。

２０２０年5月に介護福祉崩壊を防ぐために「僕たちに出来ることをやろう」と、「風に立つライオン基金」が主催して新型コロナウイルスの感染を防ぐための講習会「ふんわりチャンポン大作戦」を始めたとき、実は僕らは10月まで頑張ればこの感染症に対する明るい展望が開けてくるはずだ（或いは開けてほしい）と考えていました。

しかし現実は想像以上に厳しいものでした。

明るい話題といえばようやく対新型コロナウイルス感染症のワクチンの認可が開始されつつあることくらいで、海外で変異株が発見され、ヨーロッパでは再び都市のロックダウンが行われる有様で、とてもとても「制御」にはほど遠い状況になってしまいました。

しかし、我々は決して諦めず「僕たちに出来ること」を精一杯やり続けよう、と誓い、「ふんわりチャンポン大作戦」を、今後も継続していくと決めました。

まだまだ油断せず、決して諦めず、僕らの戦い「新型コロナ戦記２０２０」

は「～２０２１」として継続していきます。

２０２１年１月末までに「ふんわりチャンポン大作戦」で、のべ２４１名の医師・看護師を派遣して行ってきた勉強会は、ケニアを含めると74か所になりました。また、この勉強会に参加して下さった施設は全国６６３施設、参加者は実に１６５０名になります。

この活動で協力関係を築き、これからも協力していこうという「チャンポン大使」も全国で24名に増えました。

訪問介護を行うグループからは、悲鳴が沢山届いています。

「新型コロナに感染した方のために訪問介護を行う」ことによって他の仕事が出来なくなり、自らの「生活」が追い詰められている人たちが驚くほど沢山いるのです。善意で行う活動であるにもかかわらず、です。

現在我々は、そういう人々に対してどのような支援が出来るのかを模索しています。

戦いはずっと続いているのです。

２０２１年２月初旬現在、この新型コロナウイルス感染症によって全世界で２００万人以上の方が亡くなり、日本でも６０００人以上の方の命が奪われました。

これほど恐ろしいパンデミックを引き起こしたウイルスの前では、我々の戦いはまさに「蟷螂《とうろう》の斧」かもしれません。

しかし、未来に向けて最も大切なことは「希望を失わない」ことです。「戦う気力」を失った瞬間に私たちは敗北者となり、未来に残るものは何もありません。

約18年前、ＳＡＲＳとの手痛い戦いで得た経験値とデータを元に、台湾が見事に新型コロナウイルス感染症を駆逐したように、我々にとって大切なことは、この厳しい経験を「次に来るパンデミック」への「備え」と為すべきだということです。

それで僕たちは、これまでなかなか共に手を携えるチャンスのなかった医療従事者と介護福祉関係者を繋ぐという、かつてないアイデアを実現する努力を続けることにしたのです。

「風に立つライオン基金」はこの戦いの中で、これまでに誰も行ってこなかった「医療関係者と介護福祉関係者を繋ぐべきだ」という大切なことに気づき、今はそのためのプラットフォームの完成を急いでいます。

現在YouTubeで「風に立つライオン放送局」を立ち上げ、様々な情報を発信しています。機会があればご覧いただき、是非ともチャンネル登録をお願いします。

「風に立つライオン放送局」では、新型コロナウイルス感染症への予防策や対応策は勿論ですが、この財団を作った経緯や素晴らしいゲストとの対談を通じて「明日を諦めない」ための数々のコンテンツを発信し続けています。

また現在「風に立つライオン基金」の風の団・専門団は92名、風の団・奉仕団（何でもやるぞという応援団の皆さん）は93名、ユース個人会員（若い応援団）は30名、風の会・個人（個人スポンサー）は２６５名、風の会・法人は６

社になりました。

どうか益々の応援をお願い致します！

まだまだこれから頑張っていきます！

♪ ついでに本業のこと（笑）

さて最後に僕の本業、音楽のことですが、２０２１年１月７日に再び政府から「緊急事態宣言」が発出されて以後、急ブレーキが掛かり中止に追い込まれたコンサートもあります。

しかし「ショーを止めるな！」です。

勿論「安全第一」ですから、都道府県からの要請があれば、それを無視してコンサートを行うことは絶対にありません。

しかし許可の出ている地域でのコンサートは、ガイドラインに沿い、我々の得たノウハウで最大限の予防策をとって行っています。

どんなに暗い時代にも必ず光はあります。

僕が小さな蠟燭《ろうそく》の火を灯し続けることが音楽への恩返しだと信じています。

また、スタジオでのレコーディング作業も粛々と行っています。

２０２１年４月21日には、これまで僕が作ってきた歌の中で「映画」や「ドラマ」の主題歌になった歌、また「ＣＭ」で使っていただいた歌、或いはその歌が映画やドラマになったものを選んで、セルフカヴァーアルバム『新自分風土記Ⅲ』を発表します。

何しろ有名な歌だらけですので、まるで満漢全席みたいになってしまいましたから、アルバムタイトルは開き直って『さだ丼』にしました（笑）。歌でお腹いっぱいになってほしいものです。

お客様の中にはすでに一年近くコンサートから離れ、待ち望んで下さる方が多いのですが、少しずつ少しずつ戻していきましょう。

残念ながら50％以下という入場制限の会場もありますから、満席の皆さんと一緒に歌ったり大笑い出来るようになるまでには、まだ少し時間がかかりそうです。

ここ数年の間、「さだまさしコンサート」はお客様に恵まれ、あっという間に売り切れることが多く「プラチナチケット」などと言っていただくようになりましたが、「50%以下のお客様」という制限から客席は一気に寂しくなりました。

しかしこれは僕の「音楽の神様」からのお教えだと思っています。

「完売」に自惚《うぬぼ》れるな、歌い始めた頃を思い出しなさい、ひとつひとつの空席に、お客様が戻って下さるよう、初心に返って頑張りなさい。

そう音楽の神様からお諭しいただいていると感じます。

勿論自分の年齢や音楽寿命を思うとき、この1年2年の「活動の急停止」は僕の音楽人生にとってとても大きな痛手ですが、そこは開き直りました。

「じゃあ予定より1年2年長く歌ってやろう」と。

「予定」ってのが自分でもよくわかりませんが（笑）。

絶対に諦めてはいけませんし、諦めるつもりもありません。

何かが起きたとき、我々はまず動転し、途方に暮れ、自分の無力さにがっかりします。

確かに僕らの小さな力に出来ることはとても少ない。

しかし「出来ないこと」に苛立つ必要はありません。

「僕たちに出来ること」はとても少ないですが、「出来ること」を探して小さな力で良いから一歩でも前に向かうことが大切だと思います。

14世紀、ヨーロッパは「ペスト」のパンデミックで人口の3分の1近くを失いましたが、１００年も経たないうちに人々の心は完全に立ち直り「文芸復興(ルネサンス)」が興りました。

この「新型コロナウイルス感染症」後の世界でも、新しい「文芸復興」が興ると信じています。

出来ないことにイライラせずに、小さくても「今、自分に出来ること」を探しましょう!!

まだまだ僕らの戦いは続きますが、この感染症が去った頃に「完結編」を出すつもりで頑張ります。

長々とお読み下さってありがとう。
僕たちの必死の思いやコロナと戦う姿が少しでも伝わったら幸せです。

どうぞお元気で！
コロナに負けずに生き抜きましょう！

さだまさし

２０２１年　春の初めに

ブックデザイン　ニルソン
カバーイラスト　Adobe Stock
構成　川岸徹
協力　(株)まさし
公益財団法人 風に立つライオン基金
編集　舘野晴彦・菊地朱雅子(幻冬舎)

JASRAC 出 2100023-101

〈著者紹介〉

1952年長崎市生まれ。シンガーソングライター。2001年、初小説『精霊流し』が大ヒット。『精霊流し』をはじめ、『解夏』『眉山』『アントキノイノチ』『風に立つライオン』はいずれも映画化され、ベストセラーとなる。その他の小説に『はかぼんさん－空蝉風土記』『かすてぃら』『ラストレター』『銀河食堂の夜』など。

緊急事態宣言の夜に
ボクたちの新型コロナ戦記2020

2021年2月25日　第1刷発行

著者　さだまさし
発行人　見城 徹
編集人　菊地朱雅子
発行所　株式会社 幻冬舎
〒151-0051東京都渋谷区千駄ヶ谷4-9-7
電話　03(5411)6211(編集)
03(5411)6222(営業)
振替　00120-8-767643
印刷所　中央精版印刷株式会社

ISBN978-4-344-03735-9　C0095
幻冬舎ホームページアドレス　https://www.gentosha.co.jp/
この本に関するご意見・ご感想をメールでお寄せいただく場合は、
comment@gentosha.co.jpまで。